세
왕
이
야
기

당신이 하나님을 더 깊이 알아 가고 더 널리 알리는 사람이 되는 것, 이 책에 담긴 예수전도단의 마음입니다. 말씀을 통해 저자가 깨닫고, 원고를 통해 저희가 누릴 수 있었던 그 감동이 책을 통해 당신에게도 전해지기 원합니다. 그리고 당신을 통해 그 기쁨과 은혜가 더 많은 이들에게 계속해서 흘러가기를 기도하겠습니다. 이 책을 통해 당신이 받은 은혜를 다른 분들에게도 나눠 주십시오. 사랑하고 축복합니다.

A Tale of Three Kings, Korean

Copyright © 1980 by Gene Edwards,
Korean edition © 2018 by YWAM Publishung, Korea
with permission of Tyndale House Publishers, Inc. through
the arrangement of KCBS Literary Agency Seoul, Korea.

All rights reserved.

이 한국어판의 저작권은 도서출판 예수전도단에 있습니다.
저작권법에 의해 보호받는 저작물이므로 무단 전재와 복제를 금합니다.

세 왕 이야기

진 에드워드

예수전도단

들어가며

"이 책이 왜 필요합니까? 이 책의 목적은 무엇인가요?"

이 질문에 답하려면 제 우편함 이야기까지 거슬러 올라가야 합니다. 저는 전 세계의 그리스도인들로부터 많은 편지를 받곤 합니다. 그런데 몇 년 전부터 복음주의* 단체들 가운데 일어났던 권위주의 운동으로 상처를 받은 그리스도인들이 보내는 편지가 점점 더 많아지기 시작했습니다. 뒤이어 이 권위주의 운동이라는 전체주의적 개념에 대한 반발이 시작되었고, 많은 그리스도인들이 권위주의 운동으로부터 빠져나오기 시작했습니다. 때로 이런 영적 피난민들이 들려주는 이야기는 도저히 믿어지지 않을 정도로 끔찍하기도 합니다.

저는 이렇게 광범위한 학살과 비극을 일으킨 원인이 권위주의 운동이 가르치는 원칙 자체에 있는지, 아니면 그 원칙을 부적절하게 적용한 것에 있는지는 잘 모르겠습니다. 하지만 원인이 무엇이든 간에 제가 복음주의 기독교 사역자로 살아온 오랜 세월 동안 권위주의 운동만큼 수많은 사람들에게 그렇게 깊은 상처를 남겼던 것을 보지 못했습니다. 전 세계적으로

---

*복음주의 : 16세기 초의 서유럽에서 종교개혁에 앞서서 가톨릭교회의 조직 내에서 정화를 도모해서 신앙을 쇄신하려고 시도한 운동, 또는 그 근저에 있는 사고방식

만신창이가 된 그리스도인들이 생겨났고, 회복은 거의 불가능해 보였습니다.

이 책에는 혼란 가운데 있거나 상처를 입었거나 쓴 뿌리를 가지고 있는 그리스도인들을 안타까이 여기는 제 마음이 반영되어 있습니다. 그들은 신앙생활이 산산조각 난 채 어디선가 소망과 위안을 주는 한마디라도 혹시 붙잡을 수 있을까 허덕이고 있음을 알기 때문입니다. 저는 이 책이 이들에게 소망과 회복을 주는 작은 통로로 사용되리라 감히 기대해 봅니다.

사랑하는 독자 여러분, 한 가지 당부를 드리자면 여러분의 견해가 어떠하든지 대적들을 좀 더 잘 공격하기 위한 무기로 이 책을 사용해서는 절대 안 됩니다. 저는 여러분이 그런 야만적이고 진부한 방법에서 이제는 부디 손을 떼기를 바랍니다. 이 책은 개개인의 치유와 깊은 안식을 위해 쓰인 것입니다. 비록 그것이 아주 멀리서 들려온다 할지라도, 저는 이 책이 소망의 소리를 들려주리라 믿습니다.

진 에드워드

❖❖❖

권위주의적인 공동체로부터 나와
위로와 치유, 소망을 찾는
상한 심령의 그리스도인들에게.
부디 회복되어 자유이신 주님과 함께 걸어가기를 바랍니다.

그리고 마음이 상한 모든 그리스도인들에게
이 책을 드립니다.

여러분이 부디 완전히 치유 받아
모든 것 되시기에 모든 것을 요구하시는
하나님의 부르심에 온전히 응답할 수 있기를 바랍니다.

❖❖❖

들어가며 △ 4
Prologue ◇ 11

첫 번째 이야기

_사울과 다윗

1장 | 목동 다윗, 기름부음을 받다 ⬠ 16

2장 | 한 미친 왕의 성에서 □ 25

3장 | 떠남, 긴 겨울 속으로 △ 40

4장 | 사울 VS 다윗 ○ 53

Contents

두 번째 이야기

_다윗과 압살롬

5장 | 야망이 태동하다   72

6장 | 압살롬 vs 다윗   89

7장 | 광야의 깨어진 마음   110

8장 | 반역, 그리고 또 다른 떠남   122

그들이 왕들을 세웠으나 내게서 난 것이 아니며
그들이 지도자들을 세웠으나 내가 모르는 바이며…

호세아 8:4

Prologue

만군의 여호와, 살아 계신 하나님께서 가브리엘에게 명령하셨다.

"자, 여기 내 존재의 두 부분을 가지고 떠나거라. 두 운명이 너를 기다리고 있을 것이다. 각각의 운명에게 나의 존재를 하나씩 나누어 주어라."

가브리엘은 생명으로 고동치는 두개의 빛 덩어리를 받아들고, 두 세계 사이에 있는 문을 열었다. 그리고 아직 태어나지 않은 운명들의 방으로 들어섰다.

가브리엘이 그들에게 말했다.

"여기 하나님 존재의 두 부분을 가지고 왔노라. 첫 번째 부분은 바로 그분의 겉옷이다. 이 옷을 입으면 하나님의 숨결로 옷 입게 될 것이다. 마치 바닷물이 사람을 온전히 휘감듯이 이 숨결을 입은 자는 그분의 큰 능력이 그를 감쌀 것이다. 그 능력으로 많은 군대를 정복하고, 대적에게 수치를 가져다주며, 하나님의 위대한 역사를 이룰 것이다. 이 하나님의 능력을 선물로 받을 자가 누구인가? 하나님의 영으로 충만함을 입을 자가 누구인가?"

그러자 한 운명이 앞으로 나섰다.

"제가 그 옷을 입을 자입니다."

이에 가브리엘이 대답했다.

"참으로 그렇구나. 그러나 기억해야 한다. 이런 엄청난 능력을 부여받는 자는 반드시 많은 이들에게 알려지게 되리니 네가 세상에서의 순례 길을 마치기 전 너의 참된 본성이 드러나게 될 것이다. 이 능력 자체로 인해 너의 참 모습이 드러나게 될 것이란 뜻이다. 이것이 하나님의 능력을 입고 그 힘을 행사하는 모든 자들의 운명이니, 이 능력은 속사람에게는 전혀 영향을 주지 않고 오직 겉 사람만을 만지기 때문이다. 겉 사람의 능력은 언제나 속사람의 참된 형상과 그 내면의 결핍을 드러내게 될 것이다."

첫 번째 운명은 능력의 옷을 받아들고는 뒤로 물러났다.

가브리엘이 다시 입을 열었다.

"나는 살아 계신 하나님의 존재 중 두 번째 부분도 가지고 왔노라. 이것은 선물이 아닌 유산이다. 선물은 겉 사람이 취하는 것인 반면 유산은 씨앗과도 같이 사람의 깊은 곳에 심겨지게 된다. 이 유산은 비록 무척 작은 씨앗처럼 보이지만 점점 자라날 것이며, 때가 되면 속사람을 가득히 채

우게 될 것이다."

한 운명이 앞으로 나서서 말했다.

"그것은 제가 이 땅에서의 순례 여정동안 취할 몫인 것 같습니다."

가브리엘이 다시 대답했다.

"참으로 그렇구나. 네게 주어진 이 유산은 무척 영광스러운 것이다. 이것은 온 우주 가운데 사람의 마음을 변화시킬 수 있는 단 하나의 요소이지. 그러나 이것이 만약 잘 혼합되지 않는다면 임무를 완수하지도 못할 것이고, 자라나서 너의 속사람 전체를 가득 채우지도 못하게 될 것이다. 이것은 반드시 고통과 슬픔, 상한 심령과 온전하고도 가차없이 섞여야만 한다."

두 번째 운명도 그 유산을 받아들고 뒤로 물러섰다.

가브리엘 곁에서 기록 책을 들고 두 운명에 대해 성실히 받아 적던 서기관 천사가 물었다.

"천사장님, 이제 저 두 운명이 문을 열고 육신의 세계로 들어가면 어떤 사람들이 되는 것입니까?"

가브리엘이 부드럽게 대답했다.

"두 운명 모두, 자신의 때에 왕이 될 것이다."

여호와는 나의 목자시니
내게 부족함이 없으리로다
그가 나를 푸른 풀밭에 누이시며
쉴 만한 물 가로 인도하시는도다
내 영혼을 소생시키시고
자기 이름을 위하여 의의 길로 인도하시는도다
내가 사망의 음침한 골짜기로 다닐지라도
해를 두려워하지 않을 것은
주께서 나와 함께 하심이라
주의 지팡이와 막대기가 나를 안위하시나이다
주께서 내 원수의 목전에서 내게 상을 차려 주시고
기름을 내 머리에 부으셨으니 내 잔이 넘치나이다
내 평생에 선하심과 인자하심이 반드시 나를 따르리니
내가 여호와의 집에 영원히 살리로다

시편 23편

첫 번째 이야기

사울과 다윗

1장 목동 다윗, 기름부으심을 받다

어떤 집이든 막내는 버릇이 없거나 뭘 잘 모르는 어린아이라고 생각하기 마련입니다. 때문에 대부분 막내에게는 그리 큰 기대를 걸지도 않습니다. 또한 막내는 형들보다 리더십이 없는 경우가 많습니다. 누군가를 이끌어본 적이 없기 때문이죠. 자기보다 어린 사람에게 지도력을 행사할 기회가 없기 때문에 그저 형들을 따를 뿐입니다.

이런 일은 오늘날뿐 아니라 3천 년 전에도 마찬가지였습니다. 베들레헴이라는 마을에 사는 이새라는 사람에게는 아들 8형제가 있었습니다. 첫째부터 일곱째 아들은 아버지의 농장에서 일했지만, 막내아들은 작은 무리의 양떼를 치기 위해 때로는 험준한 산속까지도 다녀야 했습니다.

막내아들은 양떼를 칠 때 항상 물맷돌과 함께 기타처럼 생긴 작은 수금을 몸에 지니고 다녔습니다. 종종 양떼들이 며칠이고 풀을 뜯을 수 있는 넓은 들판이 나타나면, 목동에게 한가한 시간이 아주 많이 생겼기 때문입니다.

하지만 시간이 흐를수록 소년은 점점 더 외로움을 느꼈습니다. 항상 마음속 한켠에 자리하던 혼자라는 고독감은 더욱 커져만 갔습니다. 소년은 종종 눈물을 흘리기도 했고, 그때마다 수금을 연주했습니다. 수금 가락에 맞추어 아름다운 목소리로 노래를 부르며 외로움을 달래곤 했습니다.

하지만 이 모든 노력에도 불구하고 마음이 달래어지지 않을 때면, 소년은 돌멩이를 잔뜩 쌓아 놓고 멀리 서 있는 나무를 향해 힘껏 돌팔매질을 했습니다. 마치 무언가에 대해 화가 난 듯 말이죠. 돌멩이 한 무더기를 그렇게 다 던지고 나면, 소년은 만신창이가 된 나무 근처로 가서 돌멩이를 모으고는 더 멀리 있는 다른 나무를 향해 다시 공격을 시작했습니다. 소년이 이렇게 홀로 치러낸

전투들이 얼마나 많았는지 모릅니다.

목동이자 음악가, 물맷돌을 잘 던지는 이 소년은 주님을 무척 사랑했습니다. 양들이 모두 잠든 밤이면 그는 꺼져 가는 모닥불 앞에 앉아 수금을 타며 나지막이 노래하곤 했습니다. 소년은 먼 옛날 조상들이 불렀던 찬양들을 불렀습니다. 때로는 눈물을 흘리며 노래하는 가운데 자신만의 찬양이 터져 나오기도 했습니다. 먼 산들은 소년의 찬양과 눈물을 더 높은 산들에게 전달해 주었고, 높은 산들은 그것을 하늘로 올려드렸으며, 찬양은 결국 하나님의 귀에까지 이르렀습니다.

찬양하거나 울지 않을 때에 소년은 양떼를 한 마리 한 마리 세심하게 보살폈습니다. 양떼를 돌보지 않아도 될 때는 항상 지니고 다니는 돌팔매를 꺼내어 돌을 던졌습니다. 결국 그는 던지는 돌마다 원하는 곳에 정확히 맞추는 실력을 갖추게 되었습니다.

그러던 어느 날, 소년은 평소처럼 하나님과 천사들, 하늘의 구름들과 양들을 향해 온 맘을 다해 노래하고 있었습니다. 그러던 중 정말로 살아 있는 적을 만나게 되었습니다. 커다란 곰 한 마리가 한가로이 풀을 뜯고 있는 작은 어린 양을 향해 달려들고 있었던 겁니다. 소년은 조금의 망설임도 없이 어린 양을 향해 질주했습니다. 소년과 커다란 곰은 어린 양을 가운데 두고 멈춰서 서로를 노려보았습니다. 본능적으로 주머니 속의 돌을 꺼내면서도 소년은 신기하다고 생각했습니다.

'이상한 걸? 전혀 두렵지 않아!'

성난 곰은 털로 뒤덮인 갈색 앞발을 치켜들고, 조그만 목동을 향해 맹렬한 기세로 덤벼들었습니다. 소년은 재빨리 돌팔매에 돌멩이를 넣었습니다. 순식간에 냇가에서 굴러다니던 둥그스름한 돌멩이 하나가 공중을 가로질렀습니다.

몇 분 후, 어느새 훌쩍 어른이 된 듯한 소년은 무사히 어린 양을 안아들었습니다.

"나는 너의 목자란다. 그리고 하나님은 나의 목자시로구나."

그날 밤 내내, 소년은 그날의 놀라운 경험을 한 편의 시로 엮어 노래했습니다. 그의 찬양 소리는 하늘에까지 닿았고, 천국의 모든 천사들이 그 노래를 다 알게 될 때까지 쉬지 않고 울려 퍼졌습니다. 천사들은 그 소년에게

화답하고자 그날부터 이 아름다운 노래를 치유하는 향유로 삼았고, 지금까지도 마음이 상한 모든 이들에게 전해 주고 있답니다.

    그 소년의 이름은 바로 '다윗'입니다.

    멀리서 누군가 다윗을 향해 달려오고 있었습니다. 이내 다윗은 형의 얼굴을 알아보았습니다. 그때 형이 큰소리로 외쳤습니다.

"얼른 달려가! 할 수 있는 한 빨리 집으로 달려가라고! 양은 내가 볼 테니까."

"무슨 일이야?"

"선지자께서 방문하셨어! 그분은 이새의 아들 여덟 명을 모두 보고 싶어 하셔. 우리 모두 다 보셨지만 아직 너만 못 보셨다고."

"그런데 왜?"

"어서 가란 말이야!"

    다윗은 온 힘을 다해 뛰었습니다. 집 앞에 도달하자

가쁜 숨을 고르기 위해 한동안 서 있어야 할 정도였습니다. 햇볕에 그을린 양 볼에 땀이 흘러내리고, 붉은 곱슬머리와 잘 어울리는 홍조를 띤 채 집 안으로 걸어 들어갔습니다. 그리고 다윗은 눈앞에 보이는 것은 하나도 놓치지 않아야겠다고 마음먹었습니다.

그렇게 이새의 막내아들은 선지자 앞에 섰습니다. 다윗이 오기만을 기다리던 선지자는 듬직한 청년이 된 그의 모습에 누구보다 깊은 인상을 받았습니다. 사실 가족들은 항상 어리다고만 생각했던 막내가 어느덧 장성했다는 사실을 깨닫기가 힘들기 마련입니다. 하지만 선지자는 그 모습을 보았습니다. 그리고 더 깊은 무언가 또한 볼 수 있었습니다. 선지자 자신도 왜 그런지 잘 이해할 수 없었지만, 그는 하나님이 아시는 무언가를 알 수 있었습니다.

만군의 여호와께서는 특별한 한 사람을 찾고자 온 나라의 모든 집을 샅샅이 살피셨습니다. 그리고 이 아름다운 목소리의 음유시인이 온 이스라엘 땅의 그 누구보다도 주님을 순전하게 사랑하는 자임을 발견하셨습니다.

"무릎을 꿇으시오."

긴 회색 머리에 수염을 기른 선지자가 말했습니다. 한 번도 그런 위치에 있어 본 적이 없었지만, 다윗은 자신도 모르게 제왕다운 태도로 선지자 앞에 무릎을 꿇었습니다. 곧 머리 위로 기름이 부어지는 것이 느껴졌습니다. 다윗의 머릿속에 있는 어린 시절의 기억 창고 안에서 문득 이런 생각이 올라왔습니다.

'기름을 붓는다는 건 왕으로 임명한다는 뜻인데… 사무엘 선지자가 지금 나를… 뭐라고?'

혼란스럽기는 했지만 율법의 말씀이 틀릴 리는 없었습니다. 아주 어린 아이들조차도 경전의 내용을 잘 알고 있었기 때문입니다.

"하나님의 기름 부음 받은 자를 보라!"

이 청년에게는 얼마나 놀라운 날이었을까요! 하지만 이날의 엄청난 사건이 그를 왕좌가 아니라 십 년간의 지옥 같은 고통과 고난의 날들로 데려갔다면, 뭔가 이상하지 않은가요? 사실 다윗은 이날 왕의 혈통이 되었을 뿐 아니라 깨어짐의 학교에도 입학했던 것입니다.

사무엘 선지자는 집으로 돌아갔고, 얼마 지나지 않아 막내 다윗을 제외한 이새의 모든 아들은 전쟁터로 나갔습니다. 그리고 아직 군인이 되기에 어린 막내는 집안에서 조금의 승진을 했죠. 목동에서 전령으로 말입니다. 다윗은 최전선에서 싸우는 형들에게 정기적으로 음식을 가져다주고 소식을 전하는 역할을 맡게 되었습니다.

그렇게 전쟁터를 방문하던 어느 날, 다윗은 또다시 커다란 곰을 한 마리 죽이게 됩니다. 처음 곰을 죽였던 때와 똑같은 방법으로 말이죠. 하지만 이번에 죽인 곰은 키가 2.9m나 되는 골리앗이라는 거인이었습니다. 이 엄청난 공적으로 인해 젊은 다윗은 온 백성의 영웅으로 등극하게 됩니다.

그리고 그는 곧, 어떤 미친 왕의 궁전으로 불려갑니다. 거기서 다윗은 제정신이 아닌 왕만큼이나 이상한 환경 가운데서 꼭 필요한 수많은 교훈을 배우기 시작합니다.

2장. 한 미친 왕의 성에서

    다윗은 자주 미친 왕에게 노래를 불러 주었습니다. 음악을 들을 때면 그 늙은 왕은 비로소 안정을 찾는 듯 보였습니다. 그리고 다윗이 노래를 할 때면 궁전에 있는 모든 사람들 또한 가던 길을 멈추고 왕의 침실을 향해 넋이 나간 듯 귀를 기울이곤 했습니다. 젊은 청년이 어떻게 그토록 아름다운 가사와 곡조를 지을 수 있게 되었을까요?

    많은 이들은 그 어떤 노래보다도 어린 양을 구해 내던 그날의 노래를 가장 좋아했습니다. 천사들만큼이나 사람들도 그 노래를 무척 사랑했습니다.

    그럼에도 불구하고 왕은 미쳐 있었기에 다윗을 몹시

질투했습니다. 아니, 어쩌면 다윗을 너무 질투한 나머지 미치게 되었는지도 모릅니다. 어쨌든 간에 사울 왕은 보통 전도유망하고 인기 많은 젊은 신하에게 왕들이 그러듯 다윗에게 위협을 느꼈습니다. 다윗이 알고 있는 중요한 사실을 사울 왕 또한 알고 있었기 때문입니다. 바로 언젠가 다윗이 왕의 자리에 오를 거라는 사실 말입니다.

과연 다윗이 올바른 방법으로 왕위에 오를지, 아니면 반역을 일으킬지, 사울은 도무지 알 수 없었습니다. 사울을 미치게 만든 원인 중 하나는 바로 이 질문이었을 겁니다.

이런 모든 이유로 다윗은 아주 불편한 상황에 처하게 됐습니다. 하지만 그는 앞으로 펼쳐질 일들에 대해 깊이 이해한 것처럼 보였습니다. 당대 최고의 현인들조차도 이해하기 어렵고, 더 많은 지식과 지혜를 가진 오늘날의 사람들도 거의 깨닫지 못한 그것을 말이죠.

그것은 과연 무엇일까요?

기꺼이 고통을 겪고자 하는 사람들. 하나님은 그런 사람들을 너무나 찾고 계셨지만 찾을 수 없으셨습니다. 하나님은 '깨어진 그릇'을 원하셨던 겁니다.

미친 왕 사울은 다윗이 자신의 왕국을 위협하는 존재라고 생각했습니다. 사울은 한 왕국이 어떤 위협을 겪을지 결정하는 분은 오직 하나님 한 분임을 알지 못했던 겁니다. 그래서 그는 미친 왕들이 하는 모든 일들을 다 행했습니다.

사울은 다윗을 향해 창을 던졌습니다. 그에게는 그럴 권한이 있었습니다. 왕이었으니까요. 대부분의 왕들은 자신에겐 아무에게나 창을 던져 죽일 수 있는 권리가 있다고 주장합니다. 그리고 모두가 그 사실을 인정하곤 했습니다. 어떻게 그런 일이 가능했을까요? 왜냐면 왕이 자신에게는 그럴 권리가 있다고 사람들에게 수없이 자주 이야기했기 때문입니다.

아무리 여호와 하나님께서 기름 부으셨다고 해도 이 미친 왕이 정말 진정한 왕이었을까요? 당신이 섬기는 왕은 어떻습니까? 하나님께서 기름 부으신 자입니까? 그럴 수도 있고 아닐 수도 있을 것입니다. 그 누구도 진실을 알 수는 없습니다. 사람들은 자신은 명확히 안다고 말하고, 심지어 확실하다고까지 이야기합니다. 하지만 전혀 그렇지 않습니다. 사람들은 절대 알 수 없습니다. 오직 하나님만이 진실을 아십니다. 그러나 그분은 쉽게 말씀하지 않으십니다.

만약 당신의 왕이 진정 하나님께서 기름 부으신 자이지만 그 왕 역시 당신에게 창을 던진다면, 당신이 확실히 알 수 있는 사실은 이것입니다.

당신의 왕은 미쳤습니다. 그리고 그 왕은 사울 왕의 반열에 서 있는 것입니다.

하나님에게는 학교가 하나 있습니다. 그 학교는 규모가 작고, 입학생도 적습니다. 졸업하는 학생들은 더더욱 적습니다. 아주, 아주 적은 수만이 졸업합니다.

하나님께서 이 학교를 설립하신 이유는 깨어진 사람들을 원하셨기 때문입니다. 그분에게는 깨어지지 않은 여러 종류의 사람들이 있었습니다. 사실은 그렇지 않은데도 하나님의 권위를 받았다고 주장하는 사람, 전혀 그렇지 않은데도 자신은 깨어졌다고 말하는 사람, 실제로 하나님의 권위를 받았지만 미친 데다 깨어지지도 않은 사람까지…. 게다가 유감스럽게도 이 모든 특징들이 뒤섞여 있는 사람들도 많았습니다. 모든 종류의 사람들이 넘쳐났지만 하나님께서 찾으시는 깨어진 사람은 거의 찾아볼 수 없었습니다.

왜 하나님의 신성한 학교인 순종과 깨어짐의 학교에는 그렇게 학생이 없는 걸까요?

그 이유는 이 학교에 입학한 모든 이들은 고통과 고난을 겪어야만 하기 때문입니다. 그리고 당신도 잘 알고 있겠지만 그런 고통과 고난을 주는 이들은 보통 깨어지지 않은, 그리고 하나님께서 주권적으로 택하신 지도자인 경우가 많았습니다. 그런 학교에 다윗이 입학했고, 사울은 다윗이 깨어지고 부서지기 위해 하나님께서 선택하신 통로였던 겁니다.

왕이 더욱더 미쳐갈수록 다윗의 깨달음은 깊어졌습니다. 다윗은 하나님께서 진정한 권위 안에서 자신을 미친 왕의 궁전 안에 두셨음을 알게 되었습니다.

사울 왕의 권위가 정말 참된 것이었을까요? 그렇습니

다. 사울의 권위는 하나님께서 다윗을 위해 택하신 권위였습니다. 물론 그것은 깨어지지 않은 권위였습니다. 그럼에도 불구하고 하나님께서 계획하신 섭리 안에 주어진 권위였습니다. 그렇습니다. 이런 일이 벌어지기도 합니다.

다윗은 깊이 숨을 들이쉬고, 미친 왕의 권위 아래 계속 머물며, 지옥과 같은 길로 더 깊이 접어들었습니다.

다윗에게는 답을 알 수 없는 질문이 하나 있었습니다.

'누군가 내게 창을 던지면 나는 어떻게 해야 할까?'

다윗이 이 질문에 대한 답을 몰랐다는 사실이 이상하게 들리시나요? 사실 대부분의 사람들은 누군가 자신에게 창을 던질 때 어떻게 해야 하는지 알고 있습니다. 곧바로 그 창을 주워든 후 되돌려 던지는 것이죠!

"다윗이여, 누군가 당신을 향해 창을 던지면, 벽에 박힌 창을 뽑아서 그에게 다시 던지십시오. 다른 사람들은 다 그렇게 합니다!"

날아온 창을 다시 멋지게 되돌려 던짐으로써 당신은 여러 가지를 증명할 수 있게 됩니다. 당신은 용맹한 자입니다. 당신은 정의로우며 잘못된 것에 담대히 항거하는 자입니다. 당신은 쉽게 압박하거나 조종할 수 없는 강인한 존재입니다. 당신은 불의나 부당한 대우를 참지 않습니다. 당신은 신앙의 수호자이며, 불타는 열정의 소유자이며, 이단을 분별해 내는 자입니다. 당신은 결코 잘못된 길을 가지 않을 것입니다. 그리고 이 모든 특성들이 입을 모아 당신이 왕의 자질을 갖춘 자임을 증명해 줄 것입니다.

그렇습니다. 어쩌면 '당신'은 하나님께서 기름 부으신 사람일 수 있습니다. 바로 사울 왕의 후예로 말입니다. 그리고 즉위한 지 20여 년이 지난 후, 아마도 당신은 나라에서 가장 뛰어난 기술로 창을 던지는 사람이 되어 있을 겁니다. 그리고 또한… 제대로 미쳐 있을 것입니다.

투창 역사상 누구와도 달리, 다윗은 자기에게 창이

날아올 때 어떻게 해야 하는지 알지 못했습니다. 그는 사울의 창을 되돌려 던지지 않았고, 자기 창을 만들어서 던지지도 않았습니다. 다윗에게는 남들과 다른 무언가가 있었습니다. 분명 무언가 달랐습니다. 그는 그저 창이 날아올 때마다 피할 뿐이었습니다.

어떤 사람이, 특히 젊은 청년이, 왕이 자신을 창던지기 훈련용 과녁으로 사용하려고 한다면 어떨까요? 그리고 똑같이 갚아 주지 않기로 결심했다면, 그는 어떻게 할까요?

무엇보다도 청년은 창을 보지 못한 것처럼 행동해야 할 것입니다. 창이 곧장 자신을 향해 날아온다 해도 말입니다. 또한 창을 아주 재빨리 피하는 연습을 해야 할 것입니다. 그리고 마지막으로 마치 아무 일도 일어나지 않은 것처럼 행동해야 할 것입니다.

당신은 창을 맞은 사람을 쉽게 알아볼 수 있습니다. 그의 얼굴에 쓴 뿌리라는 어두운 그늘이 깊이 드리워지기 때문이죠.

다윗은 한 번도 창에 맞지 않았습니다. 아주 깊이 감춰진 비밀을 서서히 터득했기 때문입니다. 다윗은 날아

오는 창으로부터 자신을 보호해 줄 세 가지 방법을 알고 있었습니다.

첫 번째 방법은 멋져 보이는데다 배우기도 쉬운 창던지기 기술을 절대 배우지 않는 것입니다. 두 번째는 창을 던지는 자들에게서 멀리 떨어져 있는 것입니다. 그리고 마지막 세 번째는 입을 꼭 다물고 있는 것입니다.

이 세 가지 방법을 지킨다면, 창이 당신의 심장을 꿰뚫더라도 결코 당신에게 아무런 영향도 주지 못할 것입니다.

"나의 왕은 미쳤습니다. 적어도 내가 보기엔 분명 그래요. 난 어떻게 해야 합니까?"

먼저 다음 불변의 진리를 깨닫기 바랍니다. 당신은 그리고 우리 중 그 누구도, 누가 하나님이 기름 부으신 자이고 누가 그렇지 않은지 확신할 수 없습니다. 모든 사람이 입을 모아 사울 왕의 후예라고 말하는 왕 중에 다윗의 후예인 자가 있을 수 있고, 다윗의 계열이라고 말하는 이들 중에 사울 왕의 후예인 자도 있다는 겁니다. 누구의 말이 맞는 걸까요? 누가 진실을 아는 것일까요? 과연 누구의 말을 들어야 할까요? 하지만 이 수수께끼를 풀 수 있는 사람은 아무도 없습니다. 우리가 할 수 있는 것은 스스로에게 이렇게 질문해 보는 것뿐입니다.

"이 사람이 하나님께서 기름 부으신 자인가? 만약 그렇다면 그는 사울 왕의 후예인가?"

이 질문을 잘 기억해 두기 바랍니다. 자기 자신에게 이 질문을 만 번이라도 해야 할지 모르니까요. 특히 당신의 공동체가 곧 미쳐 버릴 것만 같은 왕의 통치 아래 있다면 말입니다.

스스로 이 질문을 해보는 것은 쉬운 일 같지만, 실제로는 무척 어려운 일입니다. 특히 당신이 아주 심하게 울고 있을 때라면 더욱 어렵습니다. 또는 날아오는 창을 피하고 있을 때, 그 창을 되돌려 던지고 싶은 유혹을 받을 때, 그리고 다른 사람들이 그렇게 하라고 부추길 때도 말입니다. 당신의 이성과 분별력, 논리와 지성과 상식이 한목소리로 그 말이 맞다고 말할 때도 있을 것입니다. 하지만 눈물과 좌절 가운데에서도 기억해야 합니다. 당신은 질문만 알고 있을 뿐 그 답은 알지 못한다는 것을.

그 누구도 답을 알지 못합니다. 하나님만이 아십니다. 그러나 하나님은 결코 말씀하지 않으십니다.

"난 앞 장에 나오는 이야기들이 맘에 들지 않습니다. 문제를 교묘하게 피해 나갔잖아요. 난 지금 다윗과 같은 상황에 놓여 있습니다. 너무나 괴롭단 말입니다. 나를 향해 마구 창을 던지는 왕이 다스리는 나라에 살고 있는데, 어떻게 해야 합니까? 이 나라를 떠나야 하나요? 그렇다면 어떻게 떠나야 하나요? 창던지기 시합이라도 하듯 내게 창을 던져 대는데 내가 어떻게 해야 한단 말입니까?"

글쎄요. 만약 앞서한 얘기들이 마음에 들지 않는다면, 이제 말하려는 대답 또한 마음에 들지 않을 것입니다. 그 대답은 바로 이것입니다.

"창에 찔려 죽으시기 바랍니다."

그럼 당신은 이렇게 반문하겠죠.

"그럴 필요가 있습니까? 창에 찔려서 좋을 게 뭐가 있나요?"

지금 당신의 시선은 잘못된 왕 사울에게만 고정되어 있습니다. 당신이 당신의 왕에게만 집중한다면, 지금 겪는 지옥과 같은 고통의 원인으로 계속 그 사람만을 탓하며 비난할 것입니다. 하지만 주의하십시오. 하나님의 시선은 또 다른 사울에게 고정되어 있으니까요. 저기 서서 당신에게 창을 던져 대는 눈앞에 보이는 사울을 말하는 것이 아닙니다. 하나님은 또 다른 사울을 주목하고 계십니다. 사울 왕과 똑같이 악한, 아니 어쩌면 더 악한 사울 왕을 말입니다.

하나님께서는 '당신 안에' 있는 사울 왕을 보고 계십니다.

"내 안이라고요?!"

사울 왕은 당신의 혈관을 타고 흐르고 있으며, 당신의 모든 뼈와 골수에도 있습니다. 그는 당신 심장의 모든 세포와 힘줄을 이루고 있습니다. 사울 왕은 당신의 영혼 안에 녹아들어 있습니다. 당신의 몸을 이루는 원자의 핵 안에 거하고 있습니다. 사울 왕은 당신 안에 있습니다. 당신이 바로 사울 왕입니다!

    사울 왕은 우리 모두의 허파 속에서 숨쉬며, 심장 속에서 고동치고 있습니다. 그를 없앨 수 있는 방법은 단 하나뿐입니다. 우리 안의 사울 왕은 반드시 제거되어야 합니다. 특별히 칭찬으로 들리진 않겠지만, 적어도 당신은 이제 하나님께서 당신을 왜 사울 왕 같은 사람 아래에 두셨는지 알게 된 겁니다.

    하나님께서 다윗의 심장 안에 있는 사울을 도려내시지 않았다면, 양 치는 목동이었던 다윗은 사울 2세가 될 수도 있었습니다. 하나님의 수술은 수년간 진행되었고, 그것은 다윗의 생명을 거의 앗아갈 정도로 혹독하고 잔인한 경험이었습니다.

    그렇다면 하나님께서 다윗 안의 사울을 제거하기 위해 사용하신 메스와 집게는 무엇이었을까요? 바로 겉사람 사울이었습니다.

    사울은 다윗을 죽이고자 했지만, 결과적으로는 다윗의 심령 깊은 곳에서 배회하는 사울을 죽이는 하나님의 도구로 사용되었습니다. 이 과정 가운데 다윗은 사실상 거의 죽은 것이나 마찬가지였습니다. 그러나 그것은 반드시 거쳐야만 하는 일이었습니다. 그렇지 않았다면 다윗 안의 사울이 살아남았을 것입니다.

  다윗은 자신의 운명을 받아들였습니다. 그 잔인한 상황을 그저 끌어안았습니다. 저항하지도, 반항하지도 않았습니다. 애써 자신의 신실함을 드러내지도 않았습니다. 잠잠히, 혼자서, 그는 굴욕의 용광로 속으로 들어갔습니다. 이로 인해 그는 깊은 상처를 입게 되었습니다. 그의 속사람은 완전히 산산조각 났습니다. 결국 그의 성품은 변화되었습니다. 상처들의 핏덩이가 엉겨 붙기 시작할 무렵엔 원래 그의 모습을 거의 찾아볼 수 없었습니다.

  앞 장에 나오는 질문이 마음에 들지 않으셨나요? 그렇다면 이 장에서 드린 대답 또한 마음에 들지 않으셨을 겁니다. 아마 우리 모두가 그러할 것입니다.

  하나님을 제외하고는 말입니다.

3장 떠남, 긴 겨울 속으로

하나님께서 기름 부으신 자, 특히 사울 왕의 계열에 있는 자를 드디어 떠날 때가 됐다는 것은 어떻게 알 수 있을까요?

다윗은 그때가 언제인지 결코 스스로 판단하지 않았습니다. 하나님이 기름 부으셨던 자가 결정해주었죠. 왕이 친히 내린 칙령이 대신 대답해 준 것입니다!

"다윗을 잡아라. 개처럼 죽여 버려라!"

그때가 돼서야 다윗은 떠났습니다. 아니 도망쳤습니다. 도망칠 때조차 그는 한마디 말도, 반격도 하지 않았습니다. 그리고 무엇보다 주목할 것은 바로 이것입니다. 다윗은 떠날 때 왕국을 분열시키지 않았습니다. 그는 백성들을 데리고 가지 않았습니다. 다윗은 '홀로' 떠났습니다.

홀로. 완전히 혼자서. 사울 왕 2세는 절대 이렇게 하지 않습니다. 그는 '그를 따르겠다고 나서는' 사람들을 꼭 데리고 떠납니다.

그렇습니다. 사람들은 당신과 함께 떠나겠다고 고집합니다. 그렇지 않습니까? 그들은 당신이 사울 왕 2세의 나라를 세우는 일을 기꺼이 돕고자 할 것입니다. 이런 자들은 결코 혼자 떠나지 못합니다.

하지만 다윗은 혼자 떠났습니다. 하나님께서 진실로 기름 부으신 자는 홀로 떠날 수 있습니다.

왕국을 떠나는 방법은 단 한 가지뿐입니다.

홀로. 완전히 혼자서.

동굴이란 사기를 북돋기에 결코 좋은 장소는 아닙니다. 세상의 모든 동굴은 같은 공통점이 있습니다. 어둡고, 습기 차고, 춥고, 냄새가 난다는 것이죠. 게다가 동굴 안에 혼자 숨어 있는데 밖에서 사냥개 짖는 소리까지 들

린다면, 그 동굴은 정말이지 최악의 장소가 됩니다.

하지만 가끔 사냥개들과 쫓는 자들이 먼 곳으로 갈 때면, 쫓기던 다윗은 홀로 노래하기 시작했습니다. 처음에는 나지막하게, 하지만 점차 목소리를 높여 목동 시절 어린 양이 가르쳐준 노래를 불렀습니다. 그 옛날 높은 산들이 그랬듯이 동굴의 벽은 그의 노래를 메아리쳐 울려 주었고, 메아리를 타고 깊은 어둠 속으로 흘러간 노래는 아름다운 화음이 되어 그에게 다시 돌아왔습니다.

그는 목동이었던 시절보다도 가진 것이 없었습니다. 수금도, 햇볕도, 친구가 되어 주던 양들도 곁에 없었죠. 왕궁에서의 기억도 흐릿해졌습니다. 다윗의 크나큰 야망은 이제 목동의 지팡이보다도 더 작아졌습니다. 그의 모든 것이 깨져 나오고 있었습니다.

그는 노래를 아주 많이 불렀습니다. 그리고 모든 곡조마다 눈물로 가락을 맞추었습니다. 쓰라린 고난이 가져오는 열매들이란 참 신비롭지 않습니까? 그 동굴 안에서 깊은 슬픔의 노래를 부르던 가운데 다윗은 역사상 가장 위대한 찬송 시들을 썼고, 마음이 깨어지고 상한 이들을 누구보다 이해하고 위로할 수 있는 자가 되었습니다.

그는 정신없이 도망쳤습니다. 질척이는 들판을 지나 미끄러운 강바닥을 내달렸습니다. 때로 사냥개들이 근처까지 쫓아왔고, 심지어 발각된 적도 있었습니다. 하지만 빠른 발과 숨을 수 있는 강둑, 웅덩이들 덕분에 무사할 수 있었습니다. 그는 들판에서 식량을 구했고, 길가에서 나무뿌리를 캐어 먹었습니다. 나무 위에서 잠을 자고, 구덩이 안에 숨고, 가시덤불이나 진흙탕 속으로 기어들어갔습니다. 며칠씩 굶은 채로 도망 다녀야 할 때도 많았고, 비가 내리면 빗물을 마셔야 했습니다. 옷은 다 해져 먼지를 뒤집어쓴 채로 계속 걸었고, 그러다 넘어지면 기어가고, 또 기어갔습니다. 이제 그에겐 동굴도 궁전처럼 느껴졌습니다. 진흙구덩이들조차 그에겐 집이었습니다.

예전에 엄마들은 아이들이 말을 듣지 않으면 나중에 술주정뱅이가 될 거라고 겁을 주곤 했습니다. 하지만 이제는 달라졌습니다.

"너희들 착하게 굴지 않으면, 나중에 거인을 죽인 그 사람처럼 된다!"

예루살렘의 랍비들은 왕에게 복종하고 하나님께서 기름 부으신 자를 존중하라고 가르칠 때마다 다윗을 예로 들었습니다.

"자고로 반역을 일으키는 사람은 그 꼴이 나기 마련이니라."

다윗의 이야기를 들은 학생들은 두려움에 떨며 자신은 반역과 관련된 일에는 발도 들여놓지 말아야겠다고 다짐하곤 했습니다. 그때도 그랬고, 지금도 그렇고, 앞으로도 영원히 그럴 것입니다.

오랜 시간이 지난 후, 다윗은 한 외국 땅에 도착했습니다. 그곳은 조금, 아주 조금 안전을 보장받을 수 있는 곳이었습니다. 하지만 그곳에서도 그는 두려움과 증오의 대상이 됐고, 모략과 음해를 받았습니다. 몇 번이나 죽을 고비를 넘기기도 했습니다.

이 시기는 다윗의 인생 가운데 가장 어두운 날들이었습니다. 우리는 이때가 다윗이 왕이 되기 전의 준비 과정이라는 것을 잘 알고 있습니다. 하지만 당시 다윗은 그것을 알지 못했습니다. 아마도 그는 자신은 평생 그렇게 살아야 할 운명이라고 생각했을 것입니다.

바로 그때, 고난이 해산하고 있었습니다. 고난 속에서 겸손이 태어나고 있었습니다.

세상의 기준으로 봤을 때 다윗은 완전히 끝난 사람이었습니다. 그러나 하늘의 기준으로 보면 그는 깨어진 사람이었습니다.

♛

사울 왕의 광기가 심해져 감에 따라 도망치는 사람들이 점점 늘어났습니다. 처음엔 한 명, 그 다음에는 세 명, 열 명, 그러다 결국 수백 명이 도망쳐 쫓기게 되었습니다.

그중 일부는 수소문 끝에 겨우 다윗을 찾아냈습니다. 그들은 아주 오랜만에 다윗을 만나게 됐습니다.

그런데 놀랍게도 그들은 눈앞의 다윗을 전혀 알아보지 못했습니다. 다윗이 완전히 달라졌기 때문입니다. 그의 성품과 기질, 그의 온 존재가 완전히 변화됐던 것입니다.

그는 말수가 아주 적어졌습니다. 그리고 하나님을 더욱 깊이 사랑했습니다. 그가 부르는 노래도 달라졌습니다. 일찍이 누구도 그런 노래를 들어본 적이 없었습니다. 어떤 찬양들은 말로 형언할 수 없이 아름다웠지만, 어떤 것들은 혈관에 흐르는 피까지도 얼려 버릴 듯 했습니다.

다윗을 따르기 원하는 도망자들은 참으로 못나고 보잘것없는 사람들이었습니다. 도둑들, 거짓말쟁이, 불평불만을 일삼는 자들, 남의 잘못을 지적하는 자들, 반항심으로 가득한 자들이었습니다. 그들은 사울 왕을 향한 증오로 눈이 먼 나머지 권력자라면 모두 증오했습니다. 혹 천국에 가는 것이 허락된다 해도 그곳에서조차 문제를 일으킬 자들이었습니다.

다윗은 그들을 이끌지 않았습니다. 그들의 마음가짐과 태도에 동참하지 않았습니다. 그러나 사람들은 자발적으로 다윗을 따랐습니다.

다윗은 권위에 대해서도 전혀 언급하지 않았습니다. 한 번도 복종에 대해 가르치지 않았습니다. 하지만 모든 이들이 다윗에게 순종했습니다.

그는 어떤 규칙도 정하지 않았습니다. 도망자들의 무리 가운데서 법치주의란 불가능한 개념이기 마련입니다. 그럼에도 그들은 겉으로 드러나는 삶의 모습을 깨끗하게 정돈하기 시작했습니다. 그러면서 서서히 그들의 속사람 또한 변화되기 시작했습니다.

도망자들은 복종이나 권위를 두려워하지 않았습니다. 그런 주제에 대해 토론하지도 않았고 생각조차 하지 않았습니다.

그렇다면 그들이 어떻게 기꺼이 다윗을 따랐던 걸까요? 사실 그들은 다윗을 따른 것이 아니었습니다. 그것은 단지…

그가 다윗이었기 때문이었습니다. 딱 이 한 가지 이유였습니다. 다른 설명은 필요 없습니다.

그리고 이렇게, 두 시대를 거쳐 처음으로 진정한 왕권이 태동하기 시작했습니다.

"어째서요, 다윗! 대체 왜?"

어느 이름 없는 동굴 안에 고함 소리가 울려 퍼졌습니다.

사람들은 불안스레 동요했습니다. 그들은 무척 불편

해했지만 차츰 진정되기 시작했습니다. 도저히 이해할 수 없는 다윗의 행동에 사람들은 혼란스러워 했고, 마침내 요압이 마음속에 품고 있던 혼란과 의문을 입 밖으로 내뱉어 버린 것입니다. 요압은 대답을 요구했습니다. 지금 당장!

다윗은 요압의 요구와 사람들의 동요에 당황한 모습을 보이거나 적어도 방어적인 태도를 보였어야 했습니다. 하지만 둘 다 아니었습니다. 다윗은 마치 자신만이 볼 수 있는 어떤 세계를 바라보는 듯 요압 너머의 어딘가를 물끄러미 응시하고 있었습니다.

요압은 다윗 앞으로 곧장 걸어가 그를 내려다보며 불같이 좌절감을 쏟아내기 시작했습니다.

"사울이 창을 던져 당신을 죽이려한 적이 몇 번입니까! 제 눈으로 직접 그 광경을 봤습니다. 결국 당신은 도망쳐야만 했고, 그 후 몇 년 동안 사울이 사냥하는 토끼와 다를 바 없었습니다. 게다가 이제 온 세상은 사울이 퍼뜨린 거짓 소문을 믿고 있습니다. 사울이 직접 나라의 모든 동굴들과 구덩이란 구덩이는 다 뒤지면서 당신을 개 잡아 죽이듯 죽이려고 찾아다니지 않았습니까! 그런데 오늘밤 당신은 사울의 창으로 그를 죽일 수 있는 완벽한 기회에, 아무것도 하지 않았습니다! 우리를 보십시오. 또다시 짐승과 같은 처지가 되었습니다. 불과 몇십 분 전에 당신은 우리 모두를 해방시켜 줄 수 있었습니다. 자유의 몸이 될 수 있었단 말입니다! 더 이상 쫓기지 않고! 이스라엘도 자유롭게 될 수 있었습니다. 다윗이여, 왜 이런 비참한 날을 끝내지 않은 겁니까? 대체 왜?!"

긴 침묵이 흘렀습니다. 사람들은 다시 불안한 듯 들썩이기 시작했습니다. 그들은 다윗이 비난을 받는 광경이 낯설기만 했습니다.

"왜냐하면"

마침내 다윗이 입을 열었습니다. 그는 아주 천천히, 요압의 말은 다 들었지만 그가 말하는 태도는 보지 못했다는 듯, 맹렬한 분노는 조금도 느껴지지 않는 온유한 모습으로 대답했습니다.

"왜냐하면 사울 왕은 예전에는 미치지 않았기 때문입니다. 젊은 사울은 하나님과 사람 앞에 뛰어난 자였습니다. 그리고 그를 왕으로 세운 이는 사람이 아니라 바로 하나님이시기 때문입니다."

요압이 곧바로 쏘아붙였습니다.

"하지만 지금 사울은 미쳤단 말입니다! 하나님께서도 더는 그와 함께하시지 않아요! 무엇보다 다윗, 그는 반드시 당신을 죽일 겁니다!"

이번에는 다윗의 대답 또한 불같이 타올랐습니다.

"나 역시 사울 왕처럼 행동하느니, 그가 나를 죽이는 것이 낫습니다. 내가 사울 왕과 똑같이 되느니, 그가 나를 죽이는 것이 낫단 말입니다. 나는 결국 미쳐 버리는 왕들의 길을 절대 가지 않을 겁니다. 나는 창을 던지지도, 내 마음속에 증오가 자라도록 허락하지도 않을 것입니다. 나는 복수하지 않겠습니다. 하나님께서 기름 부으신 자를 죽이지 않을 거란 말입니다. 지금뿐 아니라 앞으로도 결코 말입니다!"

요압은 이렇게 말도 안 되는 대답은 도저히 견딜 수 없다는 듯 어둠 속으로 뛰쳐나가 버렸습니다.

그날 밤 사람들은 축축하고 차가운 동굴 바닥에 몸을 누이며 자신들의 지도자가 갖고 있는 왕에 대한 태도, 특히 미친 왕에게 학대받기를 원하는 것 같아 보이는 기형적이고 이상한 태도에 대해 투덜거렸습니다.

천사들도 이토록 드물고 특별한 날의 여운을 품은 채 잠자리에 들었습니다. 그리고 그들은 꿈을 꾸었습니다. 이제는 하나님께서 신뢰할 만한 그릇에게 그분의 권위를 부어 주실 것이라는 확신의 꿈을….

4장. 사울 vs 다윗

 사울은 대체 어떤 자였을까요? 스스로 다윗의 대적이 된 이 사람은 누구였을까요? 그는 하나님이 기름 부으신 자였습니다. 이스라엘의 구원자였습니다. 그러나 무엇보다 사울은 그의 광기로 가장 잘 알려진 사람이었습니다.

 이제 그에 대한 악평들은 잊어버리십시오. 세간의 날카로운 혹평도 잊어버리십시오. 그의 명성도 다 내려놓으십시오. 사실만 바라봅시다. 사울은 역사상 가장 위대한 인물 중 하나였습니다. 그는 시골 출신의 착한 청년이었습니다. 키도 크고 잘생겼으며 사람들 사이에 평판도 좋았습니다. 무엇보다 그는 하나님의 영으로 세례를 받은 사람이었습니다.

그는 혈통 또한 훌륭했습니다. 사울의 조상 중에는 아브라함, 야곱, 모세 등과 같이 인류 역사상 가장 뛰어난 영웅들이 있었습니다. 아시다시피 아브라함은 나라를 세웠습니다. 모세는 그 나라의 백성들을 노예살이로부터 해방시켰습니다. 여호수아는 백성들이 하나님께서 주신 땅에 들어갈 수 있도록 발판을 마련했습니다. 사사들은 모든 것이 무너져 나라가 완전히 혼란 가운데 빠지는 것을 막아 주었습니다. 바로 이때 사울이 등장했습니다. 그는 백성들을 하나로 모아 연합된 왕국을 세웠습니다.

사울은 한 나라의 백성을 단결시켜 왕국을 건설했습니다. 그때까지 이런 일을 해낸 사람은 아무도 없었습니다. 그는 거의 아무것도 없는 상태에서 군대를 일으켰고, 하나님의 능력에 힘입어 적들을 물리치며, 수많은 전투를 승리로 이끌었습니다. 이렇게 뛰어난 사람은 쉽게 찾아볼 수 없습니다. 기억하십시오. 꼭 기억해야 합니다.

이 사람은 하나님의 영으로 충만했습니다. 게다가 그는 선지자이기도 했습니다. 하나님의 영이 강한 능력과 권위로 그에게 임했고, 그는 전례 없는 새로운 일들을 예언하고 행했습니다. 그의 위에 임한 하나님의 영이 이 모든 일들을 가능하게 한 것입니다.

그는 오늘날 사람들이 볼 때 완벽한 이상형입니다. 성령의 권능으로 충만함을 입었고, 불가능한 일을 행했으며, 하나님을 위해 그 모든 일을 했습니다. 그는 하나님께서 능력을 부어주시고 권능으로 택하신 지도자였습니다. 사울은 오직 하나님으로부터 온 권위를 부여받았습니다. 그는 하나님께서 기름 부으신 자였고, 하나님은 그를 그렇게 대우하셨습니다.

그러나 그는 질투에 사로잡혀 버렸고, 자만심으로 가득 찼으며, 결국 살인까지 서슴지 않으며 영적인 어두움 가운데 살고자 했습니다. 이런 모순 가운데 교훈을 찾을 수 있을까요?

네, 찾을 수 있습니다. 그리고 그 교훈은 권능과 하나님이 기름 부으신 위대한 사람, 그리고 하나님에 대한 당신의 수많은 고정관념을 완전히 박살낼 것입니다.

많은 사람들이 하나님의 권능을 구합니다. 날이 갈수록 더 많은 이들이 이것을 구합니다. 그들의 기도는 능력 있고, 진실하며, 신실하고, 숨은 동기가 없어 보입니다. 그러나 이런 기도 이면에는 욕망과 야심, 명예욕, 영적 거인으로 인식되고자 하는 욕심이 숨어 있습니다. 그 사람 자신은 깨닫지 못할 수도 있습니다. 그러나 그의 마음속, 바로 당신의 마음속에 어두운 동기와 욕망이 웅크리고 있는 것입니다.

사람들이 이런 기도를 하는 순간에도 그들의 속사람은 텅 비어 있을 수 있습니다. 내적으로 영적인 성장은 거의 불가능한 것입니다. 능력과 권능만을 구하는 기도는 내면적인 성장이라는 긴 여정을 무시하고 질러가버리는 빠르고 간편한 길인 것입니다.

겉으로만 성령의 능력이 드러나는 것과 그 영의 내면부터 성령의 생명으로 채워지는 것 사이에는 엄청난 차이가 있습니다. 첫 번째 경우에는 겉으로 드러난 큰 권능에도 불구하고 마음에 숨겨진 사람은 변화되지 못한 채 남아 있을 수 있습니다. 그러나 두 번째 경우에는 바로 그 마음에 숨겨진 괴물이 다뤄지게 되는 것입니다.

흥미로운 것은 하나님께서는 모든 세대 가운데 권능을 구하는 수많은 청년들의 열정적인 기도를 들으시고 응답하신다는 사실입니다. 능력과 권위를 달라는 그 기도를 자주, 꽤 많이 들어주십니다. 때로는 그 가운데 정말 합당치 않은 사람에게도 권능을 부어 주시기도 합니다.

'하나님께서 합당치 않은 자들에게 능력을 주신다? 그의 능력을? 그들의 속사람은 뼈만 남은 시체 같은 상태인데도?'

하나님은 왜 이런 일을 하시는 걸까요? 이에 대한 대답은 간단하지만 충격적입니다.

때로 하나님은 합당치 않은 그릇에게 더 큰 권능을 부여해 주심으로써 결국 다른 이들이 그의 참된 존재, 즉 벌거벗은 내면을 보게 하시는 것입니다.

그러므로 권능을 파는 사람의 목소리가 들려올 때, 한 번 더 생각하고 기억하십시오. 하나님은 때로는 드러나지 않는 이유로 인해 사람들에게 능력을 주십니다. 가장 추악한 죄를 짓고 살면서도 겉으로는 완벽하게 은사를 발휘할 수 있습니다. 하나님의 은사는 한 번 주어지면 다시 회수되지 않기 때문이죠. 죄 가운데서도 말입니다. 더욱이 어떤 이들은 하나님이 기름 부으신 자임에도 주님 앞에서 죄악 된 삶을 살아갑니다. 바로 사울이 그 살아 있는 증거입니다.

은사는 다시 회수되지 않습니다. 정말 무서운 일이지 않습니까?

만약 당신이 이런 일을 한 번도 목격하지 못한 청년이라면, 앞으로 40년 내로 반드시 목격하게 될 것입니다. 놀라운 은사와 엄청난 권능을 가진 사람들, 하나님 나라에서 유명한 지도자들로 알려진 이들이 굉장히 추악한 죄를 짓는 것을 말입니다.

이 세상이 필요로 하는 사람은 과연 누구일까요? 겉으로만 뛰어난 권능과 은사를 받은 자들일까요? 아니면 내면부터 깨어진 이들, 속사람이 완전히 변화된 이들일까요?

기억하십시오. 겉으로만 하나님의 능력을 부여받은 이들 중에도 군대를 일으키고, 적들을 무찔렀으며, 하나님의 강력한 역사를 이뤄내고, 비할 데 없는 능력과 감화력으로 말씀을 전하고 예언을 했으며… 그리고 창을 던지고, 사람들을 증오하고, 사람들을 공격하고, 살인하려는 음모를 꾸미고, 벌거벗은 채 예언하고, 마녀를 찾아가 의견을 들은 자 또한 있다는 사실을 말입니다.

"당신은 아직도 내 질문에 대답해 주지 않았습니다. 아무래도 내 지도자는 사울 왕인 것 같은데, 정말 그런지 아닌지 어떻게 확실히 알 수 있습니까?"

우리는 그 답을 절대 알 수 없습니다. 하지만 다시 한번 기억하십시오. 사울 같은 사람들 또한 하나님이 기름 부으신 자일 수도 있다는 사실을 말입니다.

아시다시피 언제 어디서나 어떤 공동체에든 이렇게 말하는 사람이 있을 것입니다.

"저 지도자는 사울 왕의 후예입니다."

그러나 다른 사람은 똑같이 확신에 찬 목소리로 이렇게 대꾸할 것입니다.

"아니요, 그 사람은 분명 하나님이 기름 부으신 다윗과 같은 지도자입니다."

하지만 우리 중 그 누구도, 실제 어떤 사람의 말이 맞는지 알 수 없습니다. 만약 당신이 우연히 위와 같이 다투는 두 사람을 목격한다면, 당신은 그들이야말로 누구의 후예인지 궁금해질 겁니다.

그러나 기억하십시오. 당신의 지도자가 다윗일 수도 있습니다.

"그럴 리 없어요!"

정말 그런가요? 우리는 다윗의 후손 중 사람들에게 저주를 받고 십자가에 못 박힌 이를 적어도 두 명은 알고 있습니다. 당신이 만약 두 명까지는 알지 못한다 해도, 한 명은 분명히 알고 있을 것입니다. 사람들은 자신이 십자가에 못 박는 사람은 절대 다윗이 아니라고 전적으로 확신했었습니다. 하지만 사울의 뒤를 따르는 사람들은 종종 우리 중에 있는 다윗을 십자가에 못 박아 죽이곤 합니다.

그렇다면 누가 다윗이고 누가 사울인지, 과연 어느 누가 알 수 있을까요?

그것은 하나님만이 아십니다. 하지만 그분은 알려 주지 않습니다.

당신은 당신의 왕이, 다윗이 아닌 사울이라고 확신한 나머지 하나님의 자리에 올라앉아 당신의 사울을 향해 돌격할 겁니까? 만약 그렇게 하겠다면 십자가형에 처해지던 시대에 태어나지 않은 것을 주님께 감사드리십시오.

그렇다면 이제 당신이 할 수 있는 일은 무엇일까요?

아주 적습니다. 어쩌면 아예 없을지도 모릅니다. 그럼에도 시간이 충분히 흐르면, 그리고 그 시간의 흐름 가운데 나타날 지도자의 행동이 그에 대해 아주 많은 것을 보여 줄 것입니다.

그 시간의 흐름이, 그리고 지도자가 다윗이든 사울이든 간에 당신이 지도자에게 보이는 반응은, 당신 자신에 대해서도 아주 많은 것을 드러내 줄 것입니다.

사울 왕이 통치하던 때로부터 두 세대가 지난 후, 다윗의 손자가 왕위에 올랐을 무렵 한 청년이 열정 가득한 마음으로 이스라엘 군대에 입대했습니다. 그는 곧 다윗의 위대한 용사들에 관한 용맹스러운 무용담을 듣게 되었습니다. 청년은 혹시라도 이 위대한 용사들 중 아직 살아있는 사람이 있는지 찾기 시작했습니다. 살아있다면 지금은 백 살을 훌쩍 넘겼을 테지만, 청년은 꼭 그를 만나보고 싶었습니다.

마침내 청년은 용사 한 명이 아직도 살아 있다는 정보를 입수했습니다. 그의 집이 어디인지 수소문해서 알아낸 청년은 용사의 집을 향해 발길을 재촉했습니다. 청년은 떨리면서도 간절한 마음으로 문을 두드렸습니다. 천천히 열리는 문 너머로 거인 같은 한 사람이 모습을 드러냈습니다. 반백, 아니 백발의 머리 아래로는 주름이 수없이 가득했습니다.

"어르신이 그토록 우리가 그렇게 얘기를 많이 들었던 유명한 다윗 왕의 위대한 용사 중 한 분이십니까?"

노인은 오랜 시간 동안 청년의 얼굴과 표정, 그의 군복을 찬찬히 살폈습니다. 그리고 청년의 얼굴에서 눈을 떼지 않은 채 노쇠하지만 여전히 깊고 묵직한 음성으로 대답했습니다.

"내가 예전에 도둑이었고, 동굴에서 살았으며, 그리고 매일 눈물을 흘리던 감상적인 도망자를 따랐었냐고 묻는 것이라면, 그렇소! 나는 '다윗의 위대한 용사' 중 한 명이었다오."

말끝엔 킥킥거리는 웃음이 어려 있었음에도 불구하고, 노인은 이 말을 하며 구부정했던 어깨를 쫙 폈습니다.

"어르신, 왜 위대한 다윗 왕이 마치 약골이었던 것처럼 말씀하시는 건가요? 다윗 왕은 그 누구보다 위대한 통치자가 아니었나요?"

"그분은 절대 약골이 아니었지."

노인이 대답했습니다. 그리고 자기 집 문가에 서 있는 청년의 마음을 헤아린 듯 지혜롭고도 부드럽게 말했습니다.

"하지만 위대한 통치자 또한 아니었네."

"어르신, 그게 무슨 뜻입니까? 저는 위대한 다윗 왕과 그분의, 그러니까… 용맹스런 용사들에 대해 알고 싶어서 이곳까지 왔습니다. 다윗 왕의 위대한 점은 무엇이었나요?"

노인이 대답했습니다.

"내가 보니 젊은이에게도 그 나이에 흔히 볼 수 있는 야망이 있구먼. 젊은이가 언젠가 많은 용사들을 이끄는 지도자가 되고 싶어 하는 것을 이해하네."

노인은 말을 멈추더니 잠시 생각에 빠졌습니다. 그리고는 생각에 잠긴 눈빛으로 계속 말을 이어갔습니다.

"그래, 젊은이에게 내가 섬긴 왕의 위대함에 대해 이

야기해 주지. 하지만 내 말에 깜짝 놀라게 될 걸세."

다윗을 생각하던 노인은 최근에 즉위한 어리석은 왕이 떠오르자 눈가에 눈물이 맺혔습니다.

"내가 섬긴 왕의 위대함에 대해 말해 주지. 나의 왕은 젊은이의 왕처럼 사람들을 위협하지 않았네. 젊은이의 새 왕은 법률과 제도와 두려움으로서 통치를 시작했지만 말야.

우리가 동굴에서 지낼 때 그곳에서 나의 왕에 대해 가장 선명하게 기억나는 것은 온전히 순복하는 삶을 살았다는 거야. 그래, 다윗은 우리들에게 권위가 아닌 섬기는 모습을 보여 주었네. 그는 법과 제도를 통한 손쉬운 해결책 대신 인내하는 법을 가르쳐 주었지. 바로 그것이 내 삶을 바꿔 놓았어. 법치주의는 지도자가 고난을 피하고자 택하는 방편일 뿐, 그 이상도 이하도 아니라네.

원로들은 어렵고 힘든 일을 피해 일찍 자고 싶어서 법과 제도를 만들었지! 권위에 대해 끊임없이 이야기하는 지도자는 자신에게 권위가 없다는 것을 증명하는 셈이나 마찬가지라네. 그리고 순종과 굴복에 대해 강조하는 왕은 그의 마음속에 있는 두 가지 두려움을 자기도 모르게 드러낼 뿐이야. 바로 자신이 정말 하나님이 보내신 참된 왕이 맞는지에 대한 불안과 자신의 생명을 앗아갈 반역이 일어나지 않을까 하는 두려움 말이네.

나의 왕은 자신에게 순종하라고 말하지 않았네. 반역을 두려워하지도 않았지. 그분은 왕위에서 쫓겨난다 해도 개의치 않았을 테니까!

다윗은 내게 이기는 것이 아니라 지는 것을, 빼앗는 것이 아니라 주는 것을 가르쳐 주었네. 그분은 어려움과 고난은 백성이 아니라 지도자가 겪어야 하는 것임을 보여 주셨지. 다윗은 우리에게 고난을 주는 것이 아니라 우리를 고난으로부터 지켜주었다네.

그분이 또한 내게 가르쳐 주신 것 중 하나는, 권위는 반역을 낳는다는 것이야. 특히 백성들이 미성숙하고 어리석을수록 더욱 그런 권위로 인한 반역이 생겨나지."

노인은 동굴에서 숨어 지내던 시절에 겪었던 무척 긴박한 상황들과 때로는 흥미로웠던 사건들을 떠올리는 듯했습니다.

"그래!"

그는 어느덧 웅변하듯 외치고 있었습니다.

"하나님으로부터 온 권위를 가진 사람은 도전자들을 두려워하지도, 방어하려고 하지도 않는다네. 설사 왕위에서 물러나게 될지라도 조금도 개의치 않아. 이런 것들이 위대한… '진정한' 왕의 위대한 점들이라네."

노인은 몸을 돌려 집안으로 향했습니다. 위엄 어린 그의 뒷모습에는 분노와 인내가 동시에 느껴졌습니다. 그는 갑자기 몸을 돌려 청년을 바라보더니 쩌렁쩌렁한 목소리로 마지막 말을 쏟아내었습니다.

"다윗이 권위를 가진 것이 사실인 만큼, 권위를 갖지 못한 이들은 쉬지 않고 '순종해라! 굴복해라!' 외쳐야만 하지. 그것이 젊은이가 매일 듣고 있는 말의 전부야. 다윗에게는 분명 권위가 있었네. 그러나 그분은 그렇게 생각한 적이 없었을 거야. 우리는 툭하면 눈물을 흘리곤 하는 지도자를 따르는 6백 명의 부랑자들일 따름이었지. 그게 전부라네!"

이것이 그 젊은 군인이 노장으로부터 들은 마지막 말이었습니다. 돌아가기 위해 길가로 향하며, 청년은 과연 그가 이제부터 르호보암 왕을 기쁘게 섬길 수 있을까 생각했습니다.

자, 이제 사울과 다윗에 대한 연구가 거의 끝났습니다. 확신을 가지게 되셨습니까? 어떤 확신인가요? 당신이 지금 섬기는 지도자가 하나님께로부터 온 자가 아니라고 확신하고 있습니까? 아니면 하나님이 보낸 사람이라 해도 그는 단지 사울 왕일뿐이라고 생각합니까?

 아, 우리 인간들은 얼마나 쉽게 확신에 차는지요… 천사들조차 알지 못하는 일들에 대해 말입니다.

 그렇다면 이렇게 물어봐도 될까요? 이제 알게 된 새로운 지식들을 가지고 무엇을 하려는 계획을 세웠나요?

 네, 알고 있습니다. 당신은 사울도 다윗도 아닌, 그저 그 나라의 평범한 백성이라는 것을. 그렇지만 당신은 새롭게 알게 된 내용들을 몇몇 친구들과 나누려고 생각하고 있군요.

 그렇다면 제가 조심스럽게 경고 하나만 해도 될까요? 당신의 머릿속에 들어온 새로운 지식은 매우 위험한 것입니다. 바로 당신 자신의 마음속에서 이상한 변이가 일어날 수 있기 때문이죠. 아시다시피 그건 충분히 가능한 일입니다… 아니, 잠깐만요! 저기 보이는 게 뭐죠? 저쪽! 당신 뒤편의 자욱한 안개 속 말입니다.

뒤돌아서서 한번 보세요. 보이십니까? 안개를 헤치고 다가오는 저 사람이 누구입니까? 분명 낯익은 얼굴인데요. 자세히 봐야겠군요. 저 사람이 무엇을 하고 있는지 좀 살펴봅시다.

아주 오래된 궤짝 위에 허리를 굽히는 것 같군요. 아, 궤짝을 열었습니다.

저 사람이 누구입니까? 그리고 지금 무엇을 하고 있습니까? 궤짝 속에서 무언가를 꺼내는군요. 망토 같아 보이는데요. 아, 그것을 입고 있습니다. 저 사람에게 꼭 맞네요. 망토처럼 어깨부터 떨어지는 것이 완벽하게 맞는군요.

이제 무엇을 하고 있습니까? 다시 궤짝 속으로 손을 집어넣는군요. 분명 언젠가 본 적이 있는 사람입니다. 이번에는 무엇을 꺼내고 있습니까? 방패인가요?

아니, 문장(紋章)이로군요. 오랫동안 잊혀진, 고대 어떤 가문의 문장입니다. 저 문장을 자기 것으로 만들려는 듯 치켜들고 있습니다! 저 사람이 누구인가요? 저 태도,

저 자세, 저 몸가짐. 분명 전에 본 적이 있습니다. 확실합니다.

아! 안개 속에서 이제 걸어 나오는군요. 이제 얼굴을 확실히 볼 수 있겠네요.

아니 저 얼굴, 당신이 아닙니까?!

그렇습니다. 저 사람은 바로 '당신'입니다! 누가 하찮은 사울인지 단번에 알아차릴 수 있는 당신!

어서!
저기 거울을 보십시오!
저 사람은
바로 당신입니다!
문장 안에 쓰인 글씨를
보십시오.
'보라, 압살롬 2세로다!'

여호와여 나의 대적이 어찌 그리 많은지요
일어나 나를 치는 자가 많으니이다
많은 사람이 나를 대적하여 말하기를
그는 하나님께 구원을 받지 못한다 하나이다
여호와여 주는 나의 방패시요 나의 영광이시요
나의 머리를 드시는 자이시니이다
내가 나의 목소리로 여호와께 부르짖으니
그의 성산에서 응답하시는도다
내가 누워 자고 깨었으니
여호와께서 나를 붙드심이로다
천만인이 나를 에워싸 진 친다 하여도
나는 두려워하지 아니하리이다
여호와여 일어나소서
나의 하나님이여 나를 구원하소서
주께서 나의 모든 원수의 뺨을 치시며
악인의 이를 꺾으셨나이다
구원은 여호와께 있사오니
주의 복을 주의 백성에게 내리소서

시편 3편

두 번째 이야기

다윗과 압살롬

5장 야망이 태동하다

"저길 봐요! 다윗이 오고 있어요!"

사람들의 밝은 웃음소리와 깔깔거리는 웃음소리가 들려옵니다.

"보세요! 정말 다윗이에요. 똑같아요."

사람들은 다시 활짝 웃으며 손을 흔들었고, 잔잔한 즐거움이 퍼져갔습니다.

"저 사람은 다윗 임금님이 아닌데요?"

어른과 함께 길을 걷던 아이가 소리쳤습니다.

"왜 사람들이 저렇게 이야기하죠? 저 사람은 임금님이 아니잖아요!"

"그렇단다, 얘야. 저 분은 임금님이 아니셔. 압살롬 왕

자님이 성문을 나가고 있구나."

"그런데 왜 사람들은 압살롬 왕자님을 다윗이라고 부르죠?"

소년은 고개를 돌려 오십여 명의 시종을 거느리고 마차를 타고 가는 잘생긴 청년을 다시 한 번 바라보았습니다.

"왜냐하면 저분을 보면 다윗 왕의 젊었을 때 모습이 떠오르기 때문이란다. 그리고 저렇게 훌륭한 젊은이가 언젠가 왕위를 물려받을 것이라는 사실이 참 감사하기 때문이지. 어쩌면 압살롬 왕자님이 임금님보다 더 잘생기셔서일지도 몰라. 아마 왕자님은 이 세상 최고의 미남일 게다."

"그럼 이제 곧 압살롬 왕자님이 왕이 되나요? 다윗 임금님은 몇 살이시죠? 곧 돌아가시나요?"

"물론 그렇지 않지. 애야, 어디 보자… 다윗 왕이 나이가 어떻게 되지? 아마도 사울 왕이 돌아가셨을 때와 비슷한 나이이지 싶구나."

"그럼 압살롬 왕자님은 몇 살인가요?"

"사울 왕에게 그토록 쫓기던 때의 다윗과 비슷한 나이일 거다."

"다윗 왕은 사울 왕과 같은 나이고, 압살롬 왕자님은 다윗이 왕위에 오르던 때와 같은 나이네요."

소년이 중얼거렸습니다. 둘은 얼마간 조용히 걸어갔습니다. 생각에 깊이 빠져 있던 소년이 다시 입을 열었습니다.

"사울 왕은 다윗을 무척 괴롭혔죠?"

"그랬지. 아주 심하게 괴롭혔지."

"다윗 왕도 압살롬 왕자님에게 똑같이 하실까요? 임금님도 왕자님을 괴롭히실까요?"

어른이 그 질문에 대해 잠시 고민하며 머뭇거리는 사이 아이는 계속해서 말했습니다.

"만약 임금님이 왕자님을 괴롭힌다면, 압살롬 왕자님은 예전에 임금님이 그러셨듯이 온유하게 참으실까요? 그렇게 훌륭하게 행동하실까요?"

"얘야, 시간이 지나면 알게 될 거란다. 세상에, 이런 어려운 질문들을 하다니! 네가 지금 이렇게 좋은 질문을 하듯이 나중에 커서 어른이 되었을 때 좋은 답을 줄 수 있게 된다면, 세상에서 가장 지혜로운 사람으로 알려질 거야."

5장. 야망이 태동하다

두 사람은 왕궁 문 안으로 들어갔습니다.

모든 것을 명확하게 볼 수 있는 사람을 만나면 사람들은 위안을 받습니다. 분별력 있는 사람. 그렇습니다. 분별력이야말로 압살롬을 가장 잘 설명해 주는 단어였습니다. 압살롬은 어떤 문제일지라도 핵심을 파헤칠 수 있는 통찰력과 분별력이 있었습니다.

사람들은 그저 압살롬과 함께 있기만 해도 안정감을 느꼈습니다. 많은 이들이 그와 시간을 보내기를 갈망했습니다. 압살롬과 대화를 나누는 사람들은 생각했던 것보다 그들 자신이 더 현명하다는 것을 깨닫고 기뻐하곤 했습니다. 압살롬이 수많은 문제에 대해 지적하고 해결책을 내놓을 때마다 사람들은 이 훌륭한 젊은이가 통치자가 되는 그날이 하루빨리 오기를 간절히 바랐습니다. 압살롬이야말로 잘못된 모든 것들을 바로잡을 수 있는 인물이었습니다. 사람들은 그를 보며 희망을 느꼈습니다.

하지만 이 위엄 있고 통찰력 깊은 청년은 자신의 통치를 의도적으로 앞당길 인물이 절대 아니었습니다. 모두가 이 사실을 잘 알고 있었습니다. 그는 너무나도 겸손했고, 아버지를 깊이 존중하고 있었습니다. 주변 사람들은 이 뛰어난 지도자가 통치할 날이 도래하기까지 계속 기다려야만 한다는 사실에 좌절감을 느끼기 시작했습니다.

그의 저택 거실에서 이야기를 나누면 나눌수록 사람들은 이 왕국에 잘못된 것들이 너무나 많다는 사실을 깨달았습니다. 예전에는 미처 알아채지 못했던 것들, 심각한 문제들이 곳곳에 만연해 있었습니다. 그들은 한 번도 생각지 못했던 갖가지 문제들을 깨닫기 시작했습니다. 그렇습니다. 그들의 지혜와 통찰력이 자라고 있었던 겁니다.

시간이 흐를수록 더 많은 사람들이 압살롬의 이야기를 들으러 왔습니다. 소문은 조용히 퍼져나갔습니다.

"모든 문제를 이해하고 해답을 주는 사람이 있다!"

낙심하고 좌절한 이들이 찾아왔습니다. 그들은 압살롬의 이야기를 들었고, 질문했습니다. 그들은 놀라운 대답을 들었고, 희망을 가지기 시작했습니다. 그가 말할 때마다 사람들은 고개를 끄덕였고, 꿈과 희망을 품었습니다. 모임은 점점 더 자주 열렸습니다. 생각들은 곧 이야기가 되었습니다. 다른 사람들은 별 것 아닌 문제로 치부할 만한 사소한 하소연에도 압살롬은 귀를 기울여 주었습니다. 그는 긍휼이 풍성한 사람이었습니다. 사람들이 이야기를 하면 할수록 더 많은 불의와 더 심각한 부당함이 발견되었습니다. 새로운 문제가 발견될 때마다 사람들은 왕국 안에 횡행하는 불의함에 더욱 충격을 받았습니다.

하지만 그 현명한 청년은 이런 성토 가운데서도 그저 조용히 앉아만 있을 뿐 한 마디도 거들지 않았습니다. 그러기에 그는 너무도 고귀한 영혼이었습니다. 그는 늘 겸손한 태도로 지도자들을 향한 경의를 표함으로 모임을 마무리 짓곤 했습니다.

그러나 그가 얼마나 겸손하든 간에 언제까지나 조용히 앉아만 있는 것은 너무 힘든 일이었습니다. 왕국 곳곳에서 끝없이 발견되는 불의함은 가장 겸손한 자의 마음도 휘저어 놓았고, 가장 순수한 사람이라도 분노로 타오르게 하기에 충분했습니다. (압살롬이야말로 바로 그 가장 순수한 사람이었습니다.)

이렇게 긍휼이 풍성한 사람은 많은 사람의 고통에 영원히 고개를 돌리고 잠잠히만 있을 수 없기 마련입니다. 이처럼 고귀한 성품을 가진 사람이라도 언젠가는 항거하는 목소리를 낼 수밖에 없습니다.

비록 압살롬은 자신의 추종자가 없다고 맹세했지만, 그를 따르는 추종자들은 더 이상 분을 참지 못하고 얼굴이 잿빛이 됐습니다. 왕국 내의 불의한 일들에 대한 그들의 통찰력은 기하급수적으로 성장했을 뿐 아니라 더는 외면할 수 없는 것이었습니다. 모든 사람이 이제는 이 끝없는 불의를 어떻게든 끝내기만을 바랐습니다.

마침내 그 훌륭한 젊은이가 수긍하는 듯 보였습니다. 처음에는 그저 단어 하나를 내뱉었을 뿐이었습니다. 그다음에는 한 문장이었습니다. 사람들의 가슴이 뛰기 시작했습니다. 환희와 기쁨이 퍼져나갔습니다. 고귀함이 결국 행동으로 분연히 일어난 것입니다.

하지만 그래서는 안 됐습니다!

그는 오해하지 말라고 주의를 주었습니다. 그는 애통

해했습니다. 모두가 알다시피 그는 지도자들에게 대항하지 않을 사람이니까요. 그는 절대로 그럴 인물이 아니었습니다. 얼마나 깊은 고뇌와 좌절감에 짓눌리든 간에, 아무리 그것이 정당하다 하더라도, 그는 결코 그런 일은 하지 않을 사람이었습니다.

하지만 갈수록 그는 더욱 슬퍼하고 애통해했습니다. 몇몇 보고를 받은 후로는 무척이나 깊이 상심했습니다. 분명 그랬습니다. 마침내 침착하고 절제되었지만 힘 있는 한 마디로 그의 공의로운 분노가 표출되었습니다.

"이래서는 안 됩니다."

자리에서 일어선 그의 눈은 불타올랐습니다.

"만약 내가 지도자라면, 나는 이렇게 할 것입니다…."

바로 이 말에서부터 반역의 불씨가 점화되었습니다. 단 한 사람을 제외하고 모두에게 말입니다. 가장 고상하고, 가장 순수한 그 사람에게는 문제가 달랐습니다.

사실 반역은 이미 몇 년 전부터 그의 마음속에 자리하고 있었던 것입니다.

"현자여!"

"왜 그러시오?"

"현자여, 제게 잠시만 시간을 내어 주실 수 있으신가요?"

"물론이죠. 저는 시간이 아주 많습니다."

"방금 압살롬의 저택에서 있었던 모임에 다녀오는 길이시죠?"

"그렇습니다."

"거기서 느꼈던 점들에 대해 좀 나눠 주실 수 있으신가요?"

"압살롬과 그를 따르는 이들에 대한 일반적인 인상 말입니까?"

"네, 그것이 궁금합니다."

"글쎄요. 저는 압살롬과 같은 사람을 참 많이 만나보았죠."

"그렇습니까? 그는 어떤 사람입니까?"

"그는 진정성 있으면서도 야심가입니다. 서로 모순되

는 특성일지 모르지만, 그럼에도 분명 그는 두 특성을 모두 가지고 있죠. 압살롬의 말 중 분명 진심인 것들도 있을 겁니다. 하지만 언젠가 그가 약속한 것들을 다 이룰 능력이 자신에게 없음을 깨달은 후에도 그의 야망은 오랫동안 지속될 겁니다. 잘못을 바로잡는 일은 권력을 잡는 일보다 늘 뒷전으로 밀려나는 법이니까요."

"죄송합니다만 현자님, 무슨 말씀인지 잘 이해가 되지 않습니다."

"저는 두 가지가 특히 눈에 띄었습니다. 모임 중 한 번은 그가 질문에 대답하면서, 백성은 더 많은 자유를 누려야만 한다고 재차 강조하더군요. 모든 사람이 이에 동의했습니다. '백성들은 사람이 아닌 오직 하나님께 인도함을 받아야 합니다. 우리는 하나님께서 이끄신다고 믿는 일만을 해야 합니다. 우리는 사람이 아닌 하나님을 따라야 합니다.' 이것이 그의 말이었죠.

또 다른 모임에서 그는 자신이 꿈꾸는 하나님 나라에 대한 원대한 꿈을 나누었습니다. 백성들이 이뤄낼 수 있는 놀라운 업적들에 대해서 말이죠. 한편으로 그는 자신이 왕국을 다스리게 되면 국가의 통치와 운영 방식에 있어 얼마나 많은 변화를 가져올지에 대해서도 이야기했습니다. 비록 자신은 깨닫지 못한 것 같지만, 그는 상호 공존할 수 없는 두 가지를 제안한 것이죠. 많은 변화와 더 큰 자유 말입니다.

그렇습니다. 그는 진정 내가 지난 날 보았던 많은 이들을 생각나게 했습니다."

"현자님, 이제 무슨 말씀이신지 이해가 좀 되는 것 같습니다만… 요점이 무엇인지는 아직 잘 모르겠습니다."

"압살롬은 꿈꾸는 자입니다. 어떻게 되어야 할지, 그리고 어떻게 될지에 대해 꿈꾸는 사람이죠. 그는 '나라면 이렇게 할 것입니다'라고 말합니다. 하지만 이런 꿈들을 실현시키려면 사람들의 협조가 필요합니다. 대부분 이 사실을 간과하지요. 압살롬의 꿈이 실현되려면 하나님의 백성이 새로운 지도자를 따르고, 모든 이들이 그와 같은 시각을 가지고 있어야만 합니다. 압살롬과 같은 이들은 자신이 미래에 다스릴 왕국에서는 아무런 문제가 없으리라 믿곤 하죠. 그래요, 백성들이 그를 따를 수도 있습니다. 하지만 그렇지 않을 수도 있죠.

하나님의 백성들은 한 지도자를 기껏해야 몇 년 정도

따를 뿐입니다. 그들은 결코 오래도록 충성하는 법이 없습니다. 그저 자신이 좋을 대로만 행합니다. 잠시 동안은 누군가를 기쁘게 해줄 수는 있지만, 오래 가지는 못한다는 것이죠.

백성들이 압살롬을 자진해서 따르지 않기 시작하면, 과연 압살롬은 어떻게 할까요? 곧 문제가 발생될 겁니다. 아시다시피 불협화음이 전혀 없는 왕국은 없습니다. 심지어 천국에도 하나님을 비판하는 무리가 있지 않았습니까? 모든 나라는 울퉁불퉁한 길을 삐걱거리며 달려갑니다. 그리고 백성들, 특별히 하나님의 백성들은 어떤 비전을 향해 한 마음으로 나아가는 법이 없습니다. 오늘 밤 압살롬이 이야기한 모든 것을 이루려면 많은 시간이 걸릴 겁니다. 모든 백성이 기꺼이 따르지도 않을 테고요. 그때도 압살롬은 자신의 모든 꿈을 실현시키고자 할까요? 만약 그렇다면, 그에게는 단 하나의 방법만이 남아 있을 뿐입니다. 바로 '독재'입니다. 그렇지 않고서는, 그는 원대한 꿈들을 대부분 현실화시키지 못할 겁니다. 그리고 그가 정말 독재자가 된다면, 지금 왕에 대해 불만이 있는 것처럼 압살롬에게 불만을 품은 이들이 분명 일어날 것입니다.

그렇습니다. 만약 압살롬이 왕이 된다면, 오늘 우리가 참석했던 모임과 같은 모임이 곧 생겨날 것입니다… 다만 새로운 사람들이 새로운 비전과, 새로운 반역을 위한 계획을 꿈꿀 따름이죠. 바로 압살롬을 향한 반역을요. 그리고 압살롬이 그런 반역을 꾀하는 모임에 대해 듣게 된다면, 그에게는 단 하나의 방법만 있을 겁니다."

"현자여, 압살롬이 어떻게 할 거라고 생각하시나요?"

"반역을 통해 왕좌에 오른 이들은 다른 이들이 반역을 꾀하는 것을 결코 참지 못합니다. 압살롬이 반역에 직면한다면, 그는 폭군이 될 것입니다. 그가 지금 지적하는 왕의 악행보다 열 배는 더 악한 일을 자행할 겁니다. 그는 반역을 진압하고는 두려움을 조장하며 가혹한 통치를 행할 것입니다. 그렇게 모든 반대 세력을 제거할 겁니다. 이것이 바로 거창한 말을 늘어놓는 반역자들의 종말입니다. 압살롬이 다윗에게서 왕위를 찬탈한다면 말이죠."

"하지만 현자님, 어떤 반역은 이익이 되기도 하지 않습니까? 예를 들어 잔혹한 폭군을 몰아낸다든지…."

"아, 물론 그렇습니다. 아주 소수의 경우는요. 하지만 기억하십시오. 이 나라는 다른 모든 나라와는 다릅니다. 이 왕국은 하나님의 백성들로 이루어져 있는 하나님의 영적인 왕국입니다. 제가 힘주어 말하지만 하나님의 나라 안에서는 어떤 반역도 합당하지 않으며, 결코 축복받을 수 없습니다."

"현자여, 왜 그렇게 말씀하시나요?"

"많은 이유가 있지만 한 가지만은 분명합니다. 영적인 영역에서 반역을 일으킨다는 것은 그 자의 말이 얼마나 숭고하고, 행동이 얼마나 천사 같든지 간에 마음속에 비판적인 본성과 방종한 성품, 어두운 동기를 가지고 있음을 증명한 셈입니다. 솔직히 말하자면 반역자들은 도둑이나 다름없죠. 왕국 안에서 불만과 갈등을 조장한 후 권력을 잡거나 사람들을 빼돌리니까요. 그리고 추종자들을 이용해 자신의 왕국을 세웁니다. 반란으로 야기되는 이런 안타까운 건국은… 아뇨, 하나님께서는 그분의 왕국 안에서 일어나는 분열을 결코 인정하지 않으십니다.

이상하게도 하나님 나라를 충분히 분열시킬 수 있다

고 생각하는 자들은 다른 곳, 다른 나라에 완전히 새로운 왕국을 세울 수 있다고는 생각하지 않습니다. 그렇습니다. 다른 지도자로부터 훔쳐야만 하는 것입니다. 결코 예외를 본 적이 없습니다. 그들에게는 적어도 이미 그들에게 헌신하는 몇몇 추종자들이 꼭 있는 듯 보이죠. 매우 뛰어난 인물도 혼자서 빈손으로 시작하는 것을 두려워합니다. 이것은 그들에게 하나님께서 함께하신다는 확신이 없음을 명백히 보여 줍니다. 그들이 하는 모든 말은 사실 그들이 얼마나 불안해하는지를 드러내 주는 것입니다.

세상에는 인간이 망쳐놓지 않은, 주인 없는 영토가 많이 있습니다. 다른 곳에도 진정한 왕, 참된 하나님의 사람이 나타나기를 기다리는 백성들이 많이 있습니다.

'내가 왕이 된다면', '내가 선지자라면'이라고 말하는 이들은 왜 조용히 홀로 떠나서 다른 곳에서 다른 사람들을 찾아 자신이 꿈꾸는 나라를 세우지 않는 것일까요?

영적인 세계에서 반역을 선도하는 자들은 무가치한 자들입니다. 예외는 없습니다. 아, 이제 그만 가봐야겠군요. 저의 일행에게 합류해야만 합니다."

"잠깐만요, 현자여! 당신의 이름을 가르쳐 주십시오!"
"제 이름이요? 저는 역사입니다."

6장

압살롬 vs 다윗

다윗은 발코니에 홀로 서서 정원으로 꾸며진 왕궁 테라스를 바라보고 있었습니다. 그의 시선 저 아래로 거룩한 성 예루살렘으로부터 나오는 불빛들이 반짝거렸습니다. 다윗의 뒤로부터 한 사람이 다가오는 소리가 들렸습니다. 다윗은 돌아보지 않은 채 한숨을 쉬며 물었습니다.

"그래, 요압 장군. 무슨 일인가?"

"들으셨습니까?"

"그래, 들었다네."

다윗이 조용히 대답했습니다.

"언제부터 알고 계셨습니까?"

놀란 요압이 불안한 말투로 물었습니다.

"몇 달 전부터, 몇 년 전부터. 아니, 아마 30여 년 전부터 늘 알고 있었다네."

다윗의 대답을 들은 요압은 지금 그들이 같은 대상에 대해 이야기하고 있는 것인지 혼란스러워졌습니다. 압살롬은 이제 서른을 갓 넘긴 청년이었기 때문입니다. 요압이 조금 주저하며 물었습니다.

"전하, 저는 지금 압살롬 왕자님을 말하는 것입니다."

"나도 그렇다네."

왕이 대답했습니다.

"그렇게 오래전부터 알고 계셨다면, 왜 왕자님을 막지 않으셨습니까?"

"나도 방금 나 자신에게 바로 그 질문을 하고 있었다네."

"제가 나서서 왕자님을 막을까요?"

요압의 말에 다윗이 갑자기 홱 돌아섰습니다. 요압이 질문한 바로 그 순간, 오랜 딜레마의 답을 깨달았던 겁니다.

"안 돼! 압살롬에게 한 마디도 해서는 안 돼. 그를 비난하지도 말고, 다른 이들이 압살롬이나 그가 하는 일을 비난하도록 허락하지도 말게. 분명히 말하지만 자네가 그를 막아서는 안 되네."

"하지만 그러면 왕자님이 왕위를 빼앗지 않겠습니까?"

다윗은 다시 천천히, 조용한 한숨을 내쉬었습니다. 잠시 동안 그는 눈물을 흘려야 할지 미소를 지어야 할지 망설였습니다. 하지만 곧 그는 희미한 미소를 지으며 대답했습니다.

"그래, 아마 그렇게 되겠지."

"그럼 어떻게 하려고 그러십니까? 계획이 있으십니까?"

"아니, 계획은 전혀 없다네. 솔직히 말해서, 무엇을 해야 할지 전혀 모르겠어. 수많은 전투를 치렀고, 수없이 포위도 당해봤지만 대부분 어떻게 해야 할지 알 수 있었지. 하지만 이번에 내가 의지할 수 있는 건 젊은 시절의 경험밖에 없는 것 같네. 그때 내가 따랐던 방법만이 지금으로선 가장 좋은 길인 것 같아."

"그것이 무엇입니까?"

"철저하게 아무것도 하지 않는 것이라네."

다윗은 다시 홀로 남았습니다. 침묵 가운데 옥상정원을 끝에서 끝까지 천천히 거닐던 그는 문득 멈춰 서서 외치기 시작했습니다.

"나는 그동안 기다렸다, 압살롬. 수년 동안 기다리고 또 기다렸다. 묻고 또 물었다. '이 청년의 마음속에 있는 것은 무엇인가?' 그리고 이제 알게 되었다. 너는 생각지도 못할 일을 하려고 하는구나. 너는 하나님의 왕국을 분열시키려는 것이다. 다른 모든 것은 그저 말에 불과한 것이었구나."

그는 잠시 잠잠해졌습니다. 다시 입을 연 다윗의 목소리는 두려움으로 잦아들고 있었습니다.

"압살롬은 하나님의 왕국을 망설임 없이 분열시키려 하는구나. 이제야 알겠다. 압살롬은 추종자들을 원한다는 것을. 적어도 그들을 거절하지는 않겠지. 그는 말할 수 없이 순결하고 고귀한 듯 보이지만, 여전히 분열시키는 자로구나. 자기에게는 추종자가 없다고 단언하지만, 그를 따르는 무리는 갈수록 늘어나고 있구나."

오랫동안 다윗은 아무 말이 없었습니다. 마침내 그는 자조 섞인 목소리로 스스로에게 말하기 시작했습니다.

"그래. 선한 다윗 왕이여, 적어도 한 가지 질문에 대한 답은 이제 분명해졌다. 너는 분열의 한가운데 놓였고, 아마 곧 왕위에서 쫓겨날 것이다. 자, 이제 두 번째 질문."

그는 잠시 말을 멈췄습니다. 그리고 두 손을 들고서, 운명을 직감한 듯 물었습니다.

"이제 너는 어떻게 할 것인가? 왕국은 지금 두 가지 가능성 사이에 있고, 나는 둘 중 하나를 선택해야 할 것 같구나… 모든 것을 잃든지, 사울이 되든지. 나는 압살롬을 막을 수는 있지만, 그렇게 한다면 사울이 되겠지. 이 노년의 나이에, 나는 사울이 되어야 하는가? 주님께서 나의 결정을 기다리시는 것 같구나."

다윗은 이번에는 큰 소리로, 또다시 자신에게 질문했습니다.

"나는 사울이 되어야 하는가?"

그때였습니다. 다윗의 뒤에서 한 목소리가 대답했습니다.

"선하신 왕이여, 압살롬은 당신을 다윗처럼 대하지

않았습니다."

다윗은 뒤를 돌아보았습니다. 소리 없이 옥상에 올라온 이는 바로 아비새였습니다.

"옥상 정원이 이토록 붐비는 곳일 줄은 몰랐군."

다윗이 빈정거리는 투로 대답했습니다.

"전하?"

"아무것도 아닐세. 오늘만큼은 아무도 만나지 않았으면 했는데 손님을 맞게 되었다는 것뿐이야. 방금 뭐라고 했나? 아니지, 내가 뭐라고 말했던가?"

"전하께서는 '내가 압살롬에게 사울이 되어야 하는가?'라고 말씀하셨고, 저는 '압살롬은 당신을 젊은 다윗처럼 대하지 않았습니다.'라고 답했습니다."

"나는 사울 왕에게 결코 도전하지 않았지. 그가 통치할 동안 결코 왕국을 분열하려는 시도를 하지 않았네. 이것이 자네가 하고 싶은 말인가?"

"네. 그리고 더 있습니다."

아비새가 강한 어조로 말했습니다.

"사울은 당신에게 악랄하게 대했고, 당신의 삶을 극심한 고통 가운데로 몰아넣었습니다. 그러나 왕께서는 끝까지 사울을 존중하며 홀로 괴로워하셨지요. 한쪽에서 일방적으로 당신에게 악행을 저질렀습니다. 당신은 왕국을 둘로 나눌 수도, 심지어 사울을 왕위에서 쫓아낼 수도 있었습니다. 하지만 당신은 그저 홀로 떠나셨습니다. 분열을 일으키는 것보다 도망치는 것을 택하셨습니다. 연합을 위해 목숨을 걸었고, 사울의 불의함 앞에 눈을 감고 입을 막았습니다. 역사상 그 어떤 왕국의 그 누구보다, 당신에게는 반역을 일으킬 이유가 충분했습니다. 사실 압살롬은 불의한 것들의 목록을 만들어 내느라 애써 현실을 왜곡해야 했을 겁니다. 덧붙이자면 그 불의한 것들이란 별로 중요하지도 않은 것들이죠.

압살롬이 한 번이라도 당신처럼 행한 적이 있습니까? 그가 당신을 존경했나요? 그가 왕국을 지키고 보호하려 애쓰고 있습니까? 당신을 비방하는 이들을 막았나요? 자신을 따르는 무리를 돌려보내던가요? 왕국이 분열되는 것을 막기 위해 떠났나요? 그가 과연 존경할 만한 인물입니까? 그는 조용히, 혼자서 고뇌합니까? 그를 공격하는 이가 있기라도 합니까?

아니요! 그는 홀로 순수하고 고결하기만 할 따름입

니다!"

아비새의 마지막 한 마디는 거의 울분에 차 있었습니다. 그는 좀 더 진중하게 말을 이어갔습니다.

"당신이 사울 왕에게 가졌던 합당한 슬픔에 비하면 압살롬의 불만은 아무것도 아닙니다. 왕께서는 한 번도 사울을 존중하지 않은 적이 없었습니다. 그리고 압살롬에게 부당하게 대하신 적 또한 없지 않습니까."

다윗이 웃음 지으며 대답했습니다.

"내겐 늙은이나 청년이나 아무 이유 없이 나를 미워하게 만드는 특별한 은사가 있는 것 같군. 젊었을 때는 늙은이가 공격하더니, 늙고 나니 젊은이가 공격을 한단 말이야. 얼마나 놀라운 은사인가."

아비새는 아랑곳 않고 말을 이어갔습니다.

"제 요점은 압살롬은 다윗과 같지 않다는 겁니다. 그래서 제가 여쭤보는 겁니다. 왜 압살롬의 반역을 제지하지 않으십니까? 그를 멈추십시오. 그 악한… "

"조심하게나, 아비새. 압살롬도 왕의 아들이라네. 왕자를 비난했다가는 어떻게 될지 몰라."

"선하신 왕이여, 왕께서는 사울을 향해 단 한 번도 창검을 들지 않으셨던 일을 기억하셔야 합니다. 압살롬은 밤낮으로 당신을 비방하고 있습니다. 얼마 지나지 않아 그는 군대를 이끌고 반역을 일으킬 겁니다. 당신을 향해, 그리고 이 나라를 향해서요! 젊은 압살롬은 젊은 다윗과는 완전히 다릅니다. 부디 그를 막으십시오!"

"아비새, 자네는 지금 나에게 사울이 되라고 하고 있어."

다윗이 엄숙하게 대답했습니다.

"아닙니다. 저는 그저 압살롬은 다윗 당신과 같지 않다고 말하는 것뿐입니다. 압살롬을 제지하십시오!"

"만약 내가 그를 막는다면, 내가 여전히 다윗일 수 있을까? 내가 그를 막는다면 사울이 되는 것이 아닌가?"

다윗의 눈은 아비새를 꿰뚫어보는 듯 불타고 있었습니다.

"그를 막으려면 나는 사울이나 압살롬 중 하나가 되어야만 하네."

"저의 왕이자 친구이신 다윗이여, 저의 애정 어린 말을 용서하십시오. 저는 가끔 당신이 제정신이 아닌가 싶을 때가 있습니다."

다윗이 피식 웃으며 대답했습니다.

"그렇다네, 나도 잘 알지."

"귀하신 왕이여, 사울은 악한 왕이었습니다. 압살롬은 어떤 면에서는 젊은 시절의 사울과 같습니다. 오직 왕께서만 홀로 변함이 없으십니다. 왕께서는 영원히 깨어지고 상한 심령을 가진 목동이십니다. 저에게 솔직하게 말씀해 주십시오. 어떤 계획을 세우고 계십니까?"

"지금까지는 아무것도 확실하지 않다네. 하지만 한 가지 사실만은 분명하지. 젊은 시절 나는 압살롬이 아니었네. 그리고 나이를 먹은 지금, 나는 사울이 아니야. 내가 젊었을 땐 자네가 말했듯이 나는 다윗이었네. 그리고 지금도 여전히 다윗이고 싶어. 비록 그러기 위해 왕위를 넘겨줘야 할지라도, 이 왕국을, 내 머리를 내줘야 할지라도 말이네."

아비새는 잠시 동안 아무 말도 하지 못했습니다. 그는 다윗이 중대한 결심을 했음을 깨달았지만, 다시 한 번 확인하려는 듯 천천히 입을 열었습니다.

"당신은 압살롬과 같지 않았고, 사울이 되는 것 또한 거부하셨습니다. 하지만 만약 압살롬을 제지하지 않으시겠다면 왕국을 떠날 준비를 하셔야 합니다. 압살롬은 분명히 왕위를 찬탈할 것입니다!"

"그러겠지. 사울 왕이 목동 소년을 죽이려 했던 것만큼이나 분명히."

지혜로운 늙은 왕이 대답했습니다.

"무슨 말씀이십니까?"

아비새가 놀라서 물었습니다.

"생각해 보게, 아비새. 하나님은 아무 힘도 없던 목동 소년을 강하고 미친 왕으로부터 구원해 주셨네. 그분은 늙은 왕을 야심찬 젊은 반역자로부터도 여전히 구해 주실 수 있다네."

"왕이시여, 대적을 너무 과소평가하고 계십니다."

아비새가 대꾸했습니다.

"자네야말로 나의 하나님을 너무 과소평가하고 있어."

다윗이 차분하게 대답했습니다.

"하지만 왕이시여, 왜? 대체 왜 싸우지 않으시는 겁니까?"

"대답해 주지. 그래, 자네도 그곳에 있었으니 아마 기억날 거야. 오래 전 동굴 안에서 요압에게 같은 대답을 해준 적이 있었지! 사울이나 압살롬의 방법을 배우느니 내가 패배하고 심지어 죽임을 당하는 것이 더 낫네. 왕국은 그렇게까지 가치 있는 것이 아니야. 만약 하나님의 뜻이라면 압살롬이 차지하게 되겠지. 다시 한 번 말하지만 나는 사울의 방법도, 압살롬의 방법도 택하지 않을 걸세!

그리고 지금, 이렇게 나이를 먹으니 그때는 몰랐던 사실 한 가지를 덧붙일 수 있을 것 같군. 아비새, 그 누구도 자기 자신의 마음을 알 수 없어. 나 또한 내 마음을 알지 못해. 하나님만이 아시지. 그런데 내가 하나님의 이름으로 내 작은 영토를 붙들고 있어야 할까? 내가 내 왕국을 지키기 위해 창을 던지고, 모략을 꾸미고, 분열을 조장하고, 사람의 몸과 영혼을 죽여야 할까? 나는 왕이 되기 위해 손가락 하나도 들어 올리지 않았네. 왕국을 지키기 위해서도 마찬가지였네. 그것이 하나님의 나라일지라도 말이야. 나를 이 자리에 올려놓으신 분은 하나님이시네. 권위를 취하는 것도, 혹은 지키는 것도 내가 할 일이 아니야. 혹시 아나? 이런 일들이 일어나는 것이 하나님의 뜻일지. 만약 그분이 원하신다면 지금도 이 왕국을 지키고 보호하실 수 있어. 무엇보다 이 나라는 하나님의 나라이기 때문이네.

방금 말했듯이 누구도 자기 자신의 마음을 알 수 없어. 나도 마찬가지라네. 내 마음속에 진짜로 무엇이 있는지 누가 알 수 있겠는가? 어쩌면 하나님이 보시기엔 난 더 이상 왕국을 통치하기 합당치 않은 건지도 모르지. 내 할 일은 다 끝난 건지도 몰라. 하나님의 뜻은 압살롬이 통치하는 것일지도 모른다네. 나는 정말로 알지 못해. 하지만 하나님께서 내 몫을 거두어 가시는 것이 그분의 뜻이라면, 나는 그렇게 되기를 원하네!

사울 왕에게 반역을 일으키는 젊은이들, 또는 젊은 압살롬을 공격하는 늙은 왕들은 사실 하나님의 뜻에 반역하는 것일지도 몰라. 둘 중 어떤 경우라도 나는 공격하지 않겠네. 하나님께서 나를 쫓아내시는데 나는 계속 머물러 있고자 애쓴다면, 그것도 웃기지 않겠는가?"

"하지만 압살롬이 왕이 되어선 안 된다는 것을 알고 계시지 않습니까!"

아비새가 절망적으로 대답했습니다.

"내가 안다고? 아무도 알 수 없네. 하나님만이 아시지.

하지만 그분은 말씀하지 않으시네. 나는 왕이 되고자 싸우지 않았고, 왕위에 머물러 있고자 싸우지도 않을 것이네. 하나님께서 오늘밤 나의 왕위와 왕권과…."

다윗의 목소리가 떨렸습니다.

"그리고 그분의 기름 부으심을 도로 가져가신다 해도 말이야. 나는 그분의 능력이 아닌 그분의 뜻을 구한다네. 다시 말하지만 나는 지도자의 자리보다 하나님의 뜻을 더 원한다네. 나를 향한 그분의 뜻이 온전히 이뤄지기를!"

"전하!"

두 사람 뒤에서 누군가의 목소리가 들려왔습니다.

"오, 전령이군. 무슨 소식을 가지고 왔는가?"

"압살롬 왕자님께서 잠시 뵙기를 청하십니다. 제사를 드리러 헤브론에 가고자 허락을 구하러 오셨습니다."

아비새가 쉰 목소리로 끼어들었습니다.

"왕이시여, 이것이 무슨 의미인지 알고 계시죠?!"

"알고 있다네."

다윗은 전령을 향해 돌아섰습니다.

"왕자에게 내가 곧 가겠다고 전하거라."

다윗은 고요한 예루살렘 성을 마지막으로 한 번 내려

다보고는 문을 향해 걸어갔습니다.

아비새는 마지막까지 집요하게 물었습니다.

"정말 그가 헤브론에 가도록 허락하실 겁니까?"

"그래."

위대한 왕이 대답했습니다.

"난 허락하겠네."

그리고는 돌아서서 전령에게 말했습니다.

"이미 밤이 늦었으니 압살롬과 이야기를 마치고 나면 바로 침실로 들려고 한다. 내일 선지자나 율법학자에게 조언을 구하고 싶은 일이 있는데… 아니, 다시 생각해 보니 대제사장 사독이 좋겠구나. 사독에게 내일 저녁 제사 후에 이곳으로 와 달라고 전하거라."

이번에는 좀 더 부드러운 목소리로 아비새가 말했습니다. 그의 눈빛에는 존경심이 담겨 있었습니다.

"선하신 왕이여, 감사합니다."

"음? 무엇이?"

왕은 의아하다는 듯 문 앞에서 돌아섰습니다.

"당신이 하신 일이 아닌, 하지 않으신 일로 인해 감사 드립니다. 창을 던지지 않고, 왕들에게 반역하지 않고,

권위자가 연약할 때에 공격하지 않고, 왕국을 두 동강이 내지 않으신 것을요. 그리고 젊은 다윗처럼 보이지만 사실은 그렇지 않은 젊은 압살롬을 공격하지 않으신 것도 감사드립니다."

아비새는 잠시 말을 멈추었습니다.

"그리고, 기꺼이 모든 것을 잃을 각오를 하고, 고난에 직면하신 것을 감사드립니다. 하나님이 원하신다면 당신의 왕국을 끝내고, 심지어 멸망시킬 수 있는 권한까지 주님께 내어드린 것을 감사드립니다. 우리 모두가 따를 수 있는 본을 보여 주셔서 감사드립니다.

그리고 무엇보다…"

아비새가 웃음 지었습니다.

"마술사를 불러 상의하지 않으신 것을 감사드립니다."

"나단 선지자님!"
"오, 사독 대제사장 아니십니까."
"끼어들어 죄송합니다만, 선지자님을 보니 왕을 뵈러

알현실에 들어가려고 하시는 것 같아서요! 다윗 왕을 뵈러 가시는 겁니까?"

"그럴 참이었습니다. 하지만 왕께서는 지금 저를 필요로 하지 않으실 것 같군요."

"무슨 말씀이십니까. 제가 보기에 왕에겐 지금 선지자님이 너무나 필요합니다. 일생일대의 난관에 직면하고 계시지 않습니까. 이번처럼 극심한 시험을 과연 통과하실 수 있을지 모르겠습니다."

"아니요."

나단은 하나님의 선지자답게 확신에 찬 목소리로 대답했습니다.

"대제사장님, 왕께서는 이미 이 시험을 통과하셨습니다."

"왕께서 이미 시험을 통과하셨다고요? 죄송합니다만 선지자님, 무슨 말씀인지 잘 모르겠습니다. 아시다시피 이제 막 큰일이 벌어지지 않았습니까?"

"대제사장님, 당신의 왕께서는 이 시험을 이미 오래전 청년이었을 때 통과하셨습니다."

"사울 왕 이야기를 하시는 건가요? 선지자님, 그건 전혀 다른 이야기 아닙니까?"

"아니오, 그렇지 않습니다. 전혀 다르지 않아요, 완전히 같은 문제입니다. 오래 전 다윗이 하나님과 먼저 관계를 맺고 자기 윗사람을 대했던 것처럼, 그는 지금도 하나님과 먼저 관계를 맺은 후 그것을 바탕으로 자기 아랫사람을 대하고 있습니다. 이 둘은 같은 것입니다. 물론 상황은 조금 다를 수 있지만요. 하지만 다윗의 심령, 그분의 마음만큼은 언제나 동일합니다.

사독 대제사장님, 저는 사울이 우리의 초대 왕이었다는 사실에 항상 감사드립니다. 만약 사울이 젊은 시절 다른 왕 아래 있었다면 어떤 일을 일으켰을지 생각만 해도 소름이 끼칩니다. 인생가운데 사울과 같은 지도자를 발견한 사람과 압살롬 같은 아랫사람을 발견한 사람은 결국 같습니다. 어떤 경우에서든 부패한 심령은 모두 스스로를 합리화할 것입니다. 이 세상의 사울들은 결코 다윗을 보지 못합니다. 그들의 눈에는 압살롬만 보이는 법이죠. 압살롬들 또한 결코 다윗을 보지 못합니다. 그들에게는 사울만 보일 따름입니다."

"그렇다면 순수한 심령은요?"

"아, 이제 정말 흔치 않은 일이 일어나게 될 겁니다. 깨어진 마음은 압살롬을 어떻게 대할까요? 자신이 사울을 대했던 것처럼? 글쎄요… 대제사장님, 우리는 곧 알게 될 겁니다! 당신과 나는 다윗이 사울을 직면하던 그때, 그곳에 있는 특권을 누리지 못했죠. 하지만 그가 압살롬을 직면할 때를 지켜볼 수 있게 되었습니다. 나는 이제 곧 펼쳐질 드라마를 아주 가까이에서 지켜봄으로 무척 귀한 교훈들을 배우게 되리라 믿습니다. 내 말을 잘 기억하세요. 다윗 왕은 이 일 가운데 꿋꿋이 자신의 길을 갈 것입니다. 그리고 젊은 시절 붙들었던 것과 동일한 은혜로 이 시험을 통과해 낼 것입니다."

"그러면 압살롬은요…?"

"압살롬이요? 이제 곧 압살롬이 왕이 될 수도 있다, 이 말씀을 하시는 건가요?"

"그럴 수 있지 않겠습니까?"

사독이 자조 섞인 어조로 대답했습니다.

나단은 웃음을 터뜨렸습니다.

"압살롬이 왕위에 오른다면, 부디 하나님께서 이 나라의 모든 사울과 다윗, 그리고 압살롬에게 은혜를 베푸

시기를!"

나단 선지자는 돌아서서 긴 복도를 걸어가며 덧붙였습니다.

"제가 볼 때 우리의 젊은 압살롬은 훌륭한 사울이 될 것 같군요."

"맞습니다. 아주 훌륭한 사울이 되겠죠. 나이와 지위만 제외하면 압살롬은 이미 사울입니다."

7장 광야의 깨어진 마음

"와줘서 고맙습니다, 사독."

"나의 왕, 나의 다윗이여."

"당신은 하나님의 대제사장입니다. 오래 전 이야기를 하나 해주겠습니까?"

"예, 전하. 어떤 이야기 말씀이십니까?"

"선지자 모세의 이야기를 알고 있습니까?"

"예, 전하."

"그 이야기를 해주십시오."

"무척 긴 이야기입니다만… 전부 듣고 싶으신가요?"

"아니, 그럴 필요는 없어요."

"그럼 어떤 부분을 듣고 싶으십니까?"

"고라가 반역한 이야기를 들려주십시오."

사독은 다윗을 불타는 눈동자로 바라보았습니다. 사독을 바라보는 다윗의 눈빛 또한 타오르고 있었습니다. 두 사람은 서로의 마음을 이해했습니다.

"예, 고라의 반역 사건과 그 일 가운데 모세가 취했던 행동에 대해 이야기해 드리겠습니다. 많은 사람들이 모세에 대해 알고 있습니다. 모세는 주께서 기름 부으신 자의 가장 뛰어난 본보기죠. 진정한 하나님 나라와 통치권은 사람 위에, 아니 깨어지고 겸손한 심령에 임합니다. 하나님 나라에는 어떤 형식도, 질서도 없습니다. 그저 겸손하고 상한 심령들만이 존재할 뿐이죠. 모세가 바로 그런 사람이었습니다.

고라는 모세와 사촌지간이었지만 전혀 다른 사람이었죠. 그는 모세에게 임한 권위를 원했습니다. 결국 어느 평화로운 아침, 고라는 들고 일어났습니다. 그날 아침까지 하나님의 백성들 사이엔 어떤 불협화음도 없었습니다. 하지만 그날 해가 지기 전에 고라는 모세에게 대항할 자들 252명을 모을 수 있었죠."

"모세가 통치했던 나라에도 문제가 존재했다는 말입

니까?"

다윗이 물었습니다.

"어떤 왕국이든 간에 문제는 항상 있기 마련입니다."

사독이 대답했습니다.

"맞습니다. 문제는 언제나 존재하죠. 더욱이 그런 문제들을 발견해 내는 능력은 아주 보잘것없는 은사랍니다."

다윗은 웃음을 지으며 다시 물었습니다.

"하지만 사독, 불의한 왕국과 통치자들이 존재하고, 반역자와 사기꾼들이 나라를 다스리기도 하지 않습니까? 그 나라가 문제가 있다 해도 하나님의 사람이 다스리는 나라인지, 아니면 복종할 가치가 없는 나라인지, 순진한 백성들이 어떻게 분별할 수 있단 말입니까? 사람들이 어떻게 그걸 판단할 수 있겠소?"

다윗은 말을 멈추었습니다. 그는 방금 자신이 가장 답을 알고 싶었던 질문을 내뱉었음을 깨달았습니다. 그는 무거운 마음으로 말을 이어갔습니다.

"그리고 왕은 어떻게 알 수 있을까요? 자신이 정녕 정의로운지 스스로 알 수 있습니까? 자신에게 닥치는 비난들이 가치 있는지 알 방법이 있냔 말입니다. 무슨 징조라도 있나요?"

다윗의 마지막 한 마디에는 불안한 기색이 역력했습니다.

"전하께서는 하늘로부터 어떤 조건이나 항목이 다 기록된 목록이라도 떨어지기를 바라고 계십니까? 설령 그런 것이 내려온다 해도, 그것을 알 수 있는 방법이 있다 해도, 간사한 인간은 그 조건에 왕국을 끼워 맞출 겁니다. 그런 목록이 실제로 존재하고, 선한 왕께서 그 모든 요건을 충족시킨다 해도, 전하께서 자격요건을 갖추지 못했다고 주장하는 반역자들은 일어날 거란 말입니다. 전하는 인간의 마음을 과소평가하고 계시는 군요."

"그러면 백성들은 어떻게 알 수 있는 겁니까?"

"백성들이 알 길은 없습니다."

"사독, 당신은 지금 수백 개의 목소리가 수천 가지 주장을 해대는 가운데 누가 하나님의 권위를 부여받은 진짜 기름 부음 받은 자이고, 누가 아닌지, 하나님의 순진한 백성이 확인할 수 있는 방법은 없다고 말하는 거요?"

"예. 결코 확실히 알 수 없습니다."

"그러면 대체 누가 알 수 있는 겁니까?"

"하나님은 항상 알고 계십니다. 그러나 말씀하지 않으시죠."

"그렇다면 가당찮은 지도자를 따르는 이들에게는 희망이 없는 겁니까?"

"그들의 손자 세대에 이르면 확실히 드러나게 되겠죠. 그 세대는 알 수 있을 것입니다. 하지만 지금 이 사건에 휘말린 이들은, 결코 확실히 알 수 없습니다. 그렇지만 이 모든 것을 통해 좋은 일도 생길 것입니다."

"그게 무엇입니까?"

"매일 해가 뜨는 것만큼 분명한 것은 백성들의 마음이 시험 받을 것이라는 사실입니다. 수많은 주장과 반대 의견들에도 불구하고, 연루된 모든 이들의 마음속에 숨겨진 동기들이 드러날 것입니다. 이것은 사람의 눈에는 중요하지 않게 보일지 모르지만 하나님의 눈에는 가장 핵심적인 것이죠. 마음의 동기가 결국에는 드러나기 때문입니다. 하나님께서는 그것을 주목해 보십니다."

"나는 그런 시험을 경멸합니다."

진력이 난 듯 다윗이 대답했습니다.

"나는 오늘 같은 밤이 정말 싫습니다. 하지만 하나님

께서는 나의 이 마음과 심령을 시험하기 위해 내 삶 가운데 많고 많은 일들을 보내시는 것 같군요. 다시 한 번 바로 오늘 밤, 내 마음이 시험 당하고 있음을 느낍니다.

사독, 무엇보다도 나를 괴롭히는 생각이 하나 있습니다. 어쩌면 하나님께서는 나와 끝장을 내시려는 건지도 모릅니다. 정말 그런 것인지 알 수 있는 방법이 없겠습니까?"

"선하신 왕이여, 역사상 존재했던 모든 통치자들 가운데 이런 것을 물어보기라도 한 사람은 없었습니다. 대부분은 반대자, 혹은 반대하리라 생각되는 이들을 이미 지금쯤은 갈기갈기 찢어버렸을 겁니다. 하지만 질문에 대답을 드리자면, 하나님께서 왕과 끝장을 내신 것인지 아닌지 확실히 알 수 있는 방법은 없습니다."

다윗은 깊은 한숨을 내쉬며 눈물을 삼켰습니다.

"이야기를 계속 해주십시오. 고라가 252명의 추종자들을 모았다고 했죠? 그 후에는 어떻게 되었습니까?"

"고라는 추종자들을 이끌고 모세와 아론에게 갔습니다. 그리고 모세에게 그가 가진 모든 권위를 행사할 권리가 그에겐 없다고 말했습니다."

다윗은 웃음을 터뜨렸습니다.

"우리 히브리인들은 예나 지금이나 변함이 없군. 그렇지 않습니까?"

"그렇지 않습니다. 왕이여, 인간의 마음이 변하지 않는 것입니다."

사독이 대답했습니다.

"계속 이야기해 주십시오. 그래서 모세는 뭐라고 대답했습니까?"

"모세도 마흔 살일 때는 오만하고 자기 고집이 강한 사람이었죠. 고라처럼 말입니다. 그때 모세가 만약 마흔 살이었다면 어떻게 했을지 뭐라 말씀드릴 수가 없군요. 하지만 여든 살의 모세는 깨어진 사람이었습니다. 모세는…"

"그 온유함이 세상에서 가장 승한 자였지."

다윗이 끼어들었습니다.

"맞습니다. 하나님께서 주신 권위의 지팡이를 지닌 자는 마땅히 그래야지요. 그렇지 않다면 하나님의 백성은 공포에 떨며 살아야 할 것입니다. 그렇습니다. 그 깨어진 사람 한 명이 고라 앞에 서 있었습니다. 그리고 모세가 어떻게 했는지 왕께선 이미 알고 계신 줄로 압니다. 그는… 아무것도 하지 않았습니다."

"아무것도… 아, 얼마나 대단한 사람인가."

"그는 하나님 앞에 엎드렸습니다. 그것이 모세가 한 전부였습니다."

"모세는 왜 엎드린 것입니까, 사독?"

"백성들의 왕이신 전하께서는 이 사실을 아셔야 합니다. 모세는 자신에게 이스라엘 백성을 맡긴 이는 오직 하나님 한 분임을 알았습니다. 그렇기에 더 해야 할 일이 없었던 겁니다. 고라와 252명의 추종자가 나라를 장악하거나, 아니면 하나님께서 모세의 정당함을 변호해 주시거나… 모세는 이 사실을 알고 있었던 겁니다."

"모세처럼 산다는 것은 정말 쉬운 일이 아닌 것 같습니다. 사기꾼이 그런 순복의 행위까지는 따라할 수 없지 않습니까. 하지만 말해 주십시오. 하나님께서 모세를 어떻게 변호해 주셨습니까?"

"모세는 반역자들에게 다음날 아침에 향로와 향을 들고 나오라고 했죠… 하나님께서 그 문제를 판결해 주시도록."

"그래!"

다윗이 외쳤습니다.

"그래!"

더욱 큰 소리로 그가 소리쳤습니다.

"하나님께서 정말 말씀하시는 때도 있군."

다윗은 흥분한 목소리로 재촉했습니다.

"계속 이야기해 보세요, 다음에 무슨 일이 벌어졌죠?"

"땅이 갈라져 고라와 그의 일당 두 명을 삼켜버렸습니다. 남은 250명도…"

"이제 됐소."

다윗이 말했습니다.

"모세의 권위를 입증해준 것으로 충분합니다. 바로 하나님께서! 하나님께서 정말로 말씀하셨군요! 백성들은 하나님께서 권위를 주신 자가 누구인지 알게 됐고, 모세는 결국 쉴 수 있었겠죠."

"전하, 그렇지 않습니다. 모세는 쉼을 누리지 못했고, 백성들도 하나님이 주신 답에 만족하지 못했습니다. 바로 다음날 온 백성이 모세를 원망했습니다. 모세가 중보하지 않았다면 아마 그들은 모두 죽임을 당했을 것입니다."

"그런데도 사람들은 그토록 왕이 되고자 싸우는군요!"

다윗은 당혹스럽다는 듯 고개를 저었습니다.

잠시 침묵하던 사독이 다시 입을 열었습니다.

"왕이시여, 제가 보니 지금 왕께선 '무엇이 진짜 권위이고, 무엇이 가짜 권위인가'라는 질문에 너무 짓눌려 계십니다. 만약 이 사태가 하나님께서 행하신 일이 아니라 진짜 반역이라면 어찌해야 할지 알고 싶어 하십니다. 하지만 저는 당신께서 오직 하나의 순전한 길을 발견하고, 그 길로 행하시라 믿습니다. 그렇게 행함으로 우리 모두에게 큰 가르침을 주게 될 것입니다."

그때 문이 열리더니 아비새가 뛰어 들어왔습니다.

"선하신 왕이여! 당신의 아들, 바로 당신의 혈육 압살롬이 헤브론에서 스스로 왕이라고 선포했습니다! 지금으로선 온 이스라엘이 압살롬 편으로 넘어간 것 같습니다. 그는 왕위를 빼앗기 위해 예루살렘으로 행군해 오고 있습니다. 전하의 최측근 몇 명도 이미 그의 편에 가담했습니다."

다윗은 뒤돌아서서 걸어가며 낮은 소리로 중얼거렸습니다.

"이스라엘의 세 번째 왕? 하나님 나라의 진정한 통치

자는 이런 식으로 왕권을 얻는가?"

다윗의 말을 제대로 듣지 못한 사독이 물었습니다.

"전하?"

다윗이 돌아섰습니다. 그의 눈가가 젖어 있었습니다.

"마침내…"

다윗이 조용히 말했습니다.

"마침내 이 문제가 해결되겠군요. 내일이 되면, 어쩌면 하나님이 아닌 다른 누군가도 알게 되겠지요."

"어쩌면 그럴 수도 있습니다."

사독이 말했습니다.

"하지만 그렇지 않을 수도 있습니다. 우리가 모두 죽은 후에야 답을 알 수 있을지도 모르죠."

"그게 바로 내일이 될지도 모르겠군요!"

다윗이 웃음을 터뜨리며 대답했습니다.

"아비새, 가서 요압에게 소식을 전하게. 지금 동쪽 망루에 있을 걸세."

아비새는 들어올 때처럼 분노에 찬 모습으로 급히 뛰어나갔습니다.

"사독, 나는 궁금합니다."

깊이 생각에 잠긴 모습으로 다윗이 말했습니다.

"사람이 하나님을 밀어붙일 수 있는 것인지… 그분이 반드시 말씀해주셔야만 하는 그 자리까지 말입니다."

8장 반역, 그리고 또 다른 떠남

아비새는 궁정 뜰을 가로질러 동쪽 벽으로 달려갔습니다. 나선형 계단을 급히 오르던 그는 횃불을 들고 내려오던 요압과 마주쳤습니다. 흔들리는 불빛 사이로 두 용사는 서로의 얼굴을 바라보습니다.

아비새가 입을 열었습니다.

"요압 형님, 소식 들었습니까?"

"듣고말고! 한밤중이지만 예루살렘 성의 절반은 이 소문으로 웅성거리고 있다네. 아비새, 어떻게 이런 일이 있을 수가 있는가? 아들이 친아버지에게 반역을 일으키다니!"

"왕국이 약해지면 별 괴상한 일들이 벌어지곤 하지요."

먼 곳을 응시하는 눈빛으로 아비새가 대답했습니다.

"그리고 자기 야망을 이루기 위해 그 어떤 대가라도 지불하지!"

요압이 분노에 찬 목소리로 대답했습니다.

"아비새, 넌 이런 상황을 어떻게 생각하지?"

"어떻게 생각하냐고요?"

아비새는 요압만큼이나 격분한 어투로 대꾸했습니다.

"압살롬에게는 이 왕국에 어떤 권한도 없습니다! 그는 아무런 능력도, 자격도 없음에도 왕국을 갈라놓으려 봉기했습니다. 압살롬은 다윗을, 하나님께서 친히 기름 부으신 자를 치려는 것입니다! 다윗이 압살롬에게 악하게 말하거나, 그를 부당하게 대우한 적이 단 한 번도 없는데 말이죠!"

아비새의 목소리는 어느새 천둥처럼 울리고 있었습니다.

"생각해 보십시오! 압살롬은 지금도 이런 악한 일을 자행하는데, 만약 그가 왕이 된다면 대체 어떤 일들을 저지르겠습니까?"

또다시 다윗과 사독 단둘이 남았습니다.

"전하, 이제 어떻게 하실 겁니까? 왕께선 젊은 시절에는 합당치 않은 왕을 전혀 비난하지 않으셨습니다. 이제 그와 똑같이 합당치 않은 젊은이에게는 어떻게 하실 겁니까?"

"내가 말했듯이…."

다윗이 대답했습니다.

"나는 이런 때가 가장 괴롭습니다, 사독. 그럼에도 그 모든 이유들에도 불구하고, 나 자신의 마음부터 돌아보고 사욕을 다스리려 합니다. 나는 사울 아래서 행했던 일을 행할 것입니다. 이 왕국의 운명을 오직 하나님께 맡기려 합니다. 어쩌면 하나님께서 나를 이미 끝장내신 것인지도 모르지요. 어쩌면 내가 너무 중한 죄인이라 왕국을 다스리기에 더는 합당치 않은 것인지도 모릅니다. 오직 하나님만이 아시겠지만 그분은 말씀해주지 않으실 것 같군요."

다윗은 주먹을 꽉 쥐고는 단호하게, 그러나 웃음 섞

인 목소리로 말했습니다.

"하지만 오늘 나는 여전히 말씀하지 않으시는 하나님께서 그분의 뜻을 보이실 수 있는 충분한 기회를 드리려 합니다. 난 아무 것도 하지 않는 것 외엔 이런 특수한 상황을 해결할 더 좋은 방법을 모릅니다.

왕좌는 내 것이 아닙니다. 내가 소유할 것도 아닙니다. 내가 취해야 할 것도, 지켜내고 유지해야 할 것도 결단코 아닙니다.

나는 예루살렘을 떠날 겁니다. 왕좌는 하나님의 것입니다. 이 왕국도 마찬가지고요. 나는 하나님을 방해하지 않을 것입니다. 하나님과 그분의 의지 사이엔 어떠한 방해물도 있어서는 안 되며, 나 또한 절대 끼어들지 않을 것입니다. 그 무엇도 하나님께서 뜻을 이루시는 것을 막아선 안 됩니다. 내가 왕이 될 자가 아니라면, 하나님께서는 즉시 압살롬을 이스라엘 왕으로 세우실 수 있습니다. 이제 그것이 가능하게 되었죠.

나의 하나님이여, 하나님 되옵소서!"

진정한 왕은 조용히 왕좌로부터 돌아서 걸어 나갔습니다. 문 밖으로, 궁궐 밖으로, 예루살렘 성 밖으로…

그는 걷고 또 걸었습니다.
마음이 순결하고 순전한 자들의 품 안으로….

세 왕 이야기

지은이 진 에드워드
옮긴이 도서출판 예수전도단

1994년 6월 30일 1판 1쇄 펴냄
2001년 10월 24일 1판 40쇄 펴냄
2001년 12월 24일 개정1판 1쇄 펴냄
2017년 9월 7일 개정1판 91쇄 펴냄
2018년 3월 19일 개정2판 1쇄 펴냄
2025년 05월 08일 개정2판 23쇄 펴냄

펴낸곳 도서출판 예수전도단
출판 등록 1989년 2월 24일(제2-761호)
주소 서울특별시 관악구 신림로7나길 14
전화 02-6933-9981 · **팩스** 02-6933-9989
이메일 ywam_publishing@ywam.co.kr
홈페이지 www.ywampubl.com

ISBN 978-89-5536-564-1

책값은 뒤표지에 있습니다.
잘못된 책은 바꾸어 드립니다.